이제
헌법을 바꿀
시간입니다

이제
헌법을 바꿀
시간입니다

새로운 시대를 여는
시민의 헌법은
어떤 모습이어야 할까?

김예찬 지음

루아크
RUACH

2024년 12월 3일 밤의 기록

계엄은 단톡방을 타고 왔다

침대에 누워 유튜브를 보면서 하루를 마무리하던 2024년 12월 3일 밤 10시 30분. 갑자기 단톡방 알림이 쉴 새 없이 울리기 시작했다. 스마트폰 화면에 뜬 "윤석열 대통령, 비상계엄 선포"라는 메시지를 보며 순간 현실감각이 사라졌다. 계엄•이라니. 전쟁이 터진 것도 아닌데, 21세기 대헌민국에서 대통령이 계엄을 선포했다는 사실을 뇌가 거부하고 있었다.

급히 켠 TV 화면 속 대통령은 굳은 표정으로 '반국가 세력'을 운운하며 계엄을 선포하고 있었다. 외부의 적이 아니라 정치적 반대파를 겨냥한 그 연설을 들으며 등줄기가 서늘해졌다. 이것은 국가 안보를 위한 조치가 아니라, 대통령 본인이 권력을 유지하기 위해 헌정질서˙를 중단시킨 '친위 쿠데타'임이 명백했다.

'지금 국회 구성상 계엄을 한다는 게 말이 안 되는데, 국회의원들이 바로 해제하면 끝인데' 하고 중얼거리다가 국회가 위험할 수 있겠다는 생각이 들었다. 급히 옷을 챙겨 입고 국회로 향하는 택시를 탔다. 계속 울리는 메시지들을 애써 무시하며 속보로 뜬 계엄사령관의 포고문을 확인했다. 일체의 정치 활동 금지, 언론·출판 통제 그리고 포고령 위반자는 '처단'하겠다는 섬뜩한 문장들. 서강대교를 타고 한강을 다 건너갈 때쯤 택시 기사님이 룸미러로 나를 보며 짧게 말했다. "몸조심하세요." 그제야 '처단'이라는 단어가 주는 공포가 실감나기 시작했다.

국회 앞에서 목격한 것들

택시에서 내린 11시 30분, 국회 앞은 이미 아수라장이었다. 경찰이 국회 출입을 막고 있는 가운데 수백여 명의 시민이 "국회 문 열어라" "계엄 해제하라"를 외치는 중이었다. 그리고 11시 45분, 머리 위로 굉음이 들려왔다. 군용 헬기가 여의도 빌딩 숲 사이를 가르며 국회 경내로 진입했다.

그 순간, 내 머릿속에는 1980년 5월 광주의 풍경이 강제 소환되었다. 시민을 향해 총구를 겨누고 헬기가 날아다니던 그 야만의 시간이 44년 만에 서울 한복판에서 재현되고 있었다. "군인들 막아야 돼!" 누군가 비명처럼 외쳤다. 스마트폰 화면은 헬기에서 내린 군인들이 국회 본관으로 진입하는 모습을 계속해서 비췄다. 직업적 특성 때문에 나름 익숙하게 느끼던 국회라는 공간으로 총을 든 군인들이 우르르 몰려가는 모습이 너무나도 생경했고, 그만큼 충격적이었다. "여기 있다가 체포되는 거 아니냐"라는 불안감 섞인 목소리도 들려오기 시작했다.

하지만 시민들은 흩어지지 않았다. 1980년 도청을 지켰던 광주의 시민들이 그랬듯, 2024년의 시민들도 공포를 분노로 바꾸며 국회 앞을 계속 지켰다. 오히려 국회로 모이는 시민이 점점 더 늘어나 국회대로를 가득 메웠다. 그 밤, 국회를 지킨 것은 맨손의 시민들이었다.

국회 담장 안팎에서 시민과 보좌진들이 계엄군을 몸으로 막아내는 동안, 국회는 재석 의원 190명의 만장일치로 계엄 해제 결의안을 통과시켰다. 새벽 1시였다. 승리의 함성이 울려 퍼졌고, "윤석열을 탄핵하라"라는 외침은 구호가 되었다. 그러나 결의안이 통과된 뒤에도 군인들은 즉시 철수하지 않았고, 대통령은 침묵했다. 아직 상황이 끝나지 않았다는 불안감에 시민들은 국회 출입문마다 옹기종기 모여 앉아 밤을 지새웠다.

대통령이 계엄 해제를 공식 발표한 것은 새벽 4시 30분이었다. 국회의 해제 요구로부터 무려 3시간 30분이 지난 뒤였다. 그 사이 윤석열 대통령이 군 지휘관들에게 2차, 3차 계엄 선포 가능성을 언급했다는 사실이 드러나며, 이 공백의 시간이 얼마나 아찔한 순간이었는지 확인되었다. 국회가 해제를 결의해도 대통령이 버티면 어떻게 될지 모른다는 사실을 우리는 그 새벽에 온몸으로 체감했다.

6시간의 악몽은 끝났지만 혼란은 계속되었다. 그날 밤 국회를 지켜낸 것은 시민이었지만, 그 이후의 과정에서 시민은 철저히 배제되었다. 우리는 국회가 탄핵소추안*을 의결하기를 기다려야 했고, 한 차례 탄핵 의결이 무산된 뒤에는 국민의힘 의원들이 마음을 바꾸기를 기다려야 했으며, 탄핵이 의결된 뒤에도 100일이 넘는 기간 동안 헌법재판소가 탄핵을 인용해 주기를 피 말리며 기다려야 했다. 주권자인 국민이 직접 헌법 파괴자를 끌어내릴 수 있는 '국민소환제도'나 직접 탄핵안을 발의할 '국민발안제도'가 우리 헌법에는 존재하지 않기 때문이다.

계엄 123일 만에 윤석열을 파면시킨 헌법재판소 결정문이 나왔다. 수많은 시민이 그토록 애를 태우며 기다렸던 결정문에는 그동안 광장을 메웠던 수백만 시민의 목소리가 "시민들의 저항"이라는 건조한 여섯 글자로 요약되어 있었다. 헌법의 세계에서 주권자의 목소리는 권력을 심판하는 직접적 근거가 아니라, 단지 법률적 판단의 '배경'에 불과했던 것이다.

이제 헌법을 바꿀 시간이다

결국 대통령은 파면되었고 2025년 치러진 조기 대선에서 이재명 후보가 당선되어 새 정부가 출범했다. 하지만 사람만 바뀌었을 뿐 '윤석열'을 가능하게 했던 제도는 그대로다. 다음 대통령도, 그다음 대통령도 똑같은 권한을 손에 쥐게 된다. 우리는 또다시 새로운 대통령의 '선한 의지'만을 믿고 불안한 미래를 맡겨야 하는 처지가 되었다.

12월 3일 밤 혹한의 국회 앞에서, 동짓날 새벽 남태령 고개에서, 광화문 광장과 한남동, 안국역 헌법재판소 앞에서 123일을 함께 보냈던 동료 시민들과 나누고 싶은 질문이 있다. 왜 우리는 그토록 치열하게 저항하면서도 법과 제도 앞에서는 한없이 무력할 수밖에 없었을까. 이 책은 그 질문에서 시작한다.

계엄 전쟁이나 그에 준하는 심각한 국가 위기 상황에서, 경찰력만으로는 사회질서를 도저히 유지할 수 없을 때 대통령이 군대를 동원해 치안을 확보하는 비상조치다. 쉽게 말해 평상시의 규칙이 잠시 멈추고, 군사적 통제가 개입하는 것이다.

계엄은 위기의 정도에 따라 두 가지로 나뉜다. 가장 강력한 '비상계엄'이 선포되면, 군대가 해당 지역의 행정권과 사법권을 통째로 넘겨받는다. 이때 언론, 출판, 집회, 결사의 자유 같은 시민의 기본권이 헌법에 따라 합법적으로 제한될 수 있다. 반면, 한 단계 낮은 '경비계엄'은 군대가 행정권이나 사법권을 빼앗지는 않고 오직 치안 유지와 군사 업무만 맡는다. 참고로 2024년 12월 3일에 선포되었던 것은 행정권과 사법권 모두를 통제하려 했던 가장 강력한 조치인 '비상계엄'이었다.

헌정질서 헌법이라는 '국가의 근본 규칙'에 따라 행정부, 입법부, 사법부가 각자의 역할을 정상적으로 수행하고 국민의 권리가 안전하게 보장되는 상태를 말한다. 곧 국가가 헌법대로 무탈하게 굴러가는 일상 그 자체다.

이 규칙을 강제로 무너뜨리는 행위가 바로 '헌정질서 파괴'다. 헌법과 법률은 비상계엄 상황이라 하더라도 국회의 기능을 정지시킬 수 없도록 규정하고 있다. 따라서 쿠데타나 불법적 계엄으로 국회의 문을 닫게 하거나 시민의 자유를 짓밟는 것은 단순한 불법 행위를 넘어 국가의 존재 이유를 부정하는 중대한 범죄(국헌문란)가 된다.

재적 의원과 정족수 재적 의원은 국회에 실제로 자리를 차지하고 있는 국회의원의 총수를 말한다. 법으로 정해진 정원은 300명이지만, 중간에 사퇴하거나 자격을 잃은 사람이 생기면 실제 재적 의원 수는 300명보다 줄어든다. 정족수는 의회가 정상적으로 작동하기 위해 채워야 하는 최소한의 머릿수다. 회의를 시작하기 위해 모여야 하는 인원(의사정족수)과 특정 안건을 통과시키기 위해 필요한 인원(의결정족수)으로 나뉜다. 안건의 무게에 따라 통과 조건이 다르다.

· **일반적인 법을 만들 때**: 재적 의원 절반 이상이 출석하고, 출석한 사람 중 절반 이상이 찬성하면 된다.

들어가는 말

· **계엄 해제를 요구할 때**: 출석 인원과 상관없이 전체 재적 의원의 절반 이상이 무조건 찬성해야 한다.

· **대통령을 탄핵하거나 헌법을 고칠 때**: 전체 재적 의원의 3분의 2 이상이 찬성해야 한다. 국가의 근본 원리나 최고 권력자를 바꾸는 일은 쉽게 결론 내리지 못하도록 문턱을 매우 높게 설정해 둔 것이다.

탄핵 대통령이나 장관, 판사 등 신분이 보장된 고위공직자가 헌법이나 법률을 심각하게 위반했을 때 합법적으로 그 자리에서 끌어내리는 제도다. 일반적인 재판이나 징계로는 처벌하기 어려운 권력자들을 통제하기 위한 최후의 수단이다. 탄핵은 크게 두 단계를 거친다.

'탄핵 소추'는 국회가 국민을 대신해 고위공직자의 죄를 묻고 재판에 넘기는 과정이다. 일반 공직자는 국회의원 과반수의 찬성으로, 대통령은 국회의원 3분의 2 이상의 찬성으로 통과된다. 국회에서 탄핵안이 가결되면, 그 즉시 해당 공직자의 모든 권한은 정지된다. 하지만 아직 완전히 파면된 것은 아니다.

'탄핵 심판'(인용과 기각)은 국회가 넘긴 사건을 헌법재판소가 재판하는 것이다. 9명의 재판관 중 6명 이상이 '공직에서 쫓아낼 만큼 법 위반이 중대하다'고 판단해 요구를 받아들이면(인용) 그 공직자는 즉시 파면된다. 반대로 파면할 정도는 아니라고 여겨 요구를 거절하면(기각) 공직자의 권한은 그 즉시 회복된다.

차례

3장 개헌은 어떻게 이뤄져야 하는가

1장

왜 지금 헌법을 바꿔야 하는가

윤석열이 드러낸
제왕적 대통령의 민낯

대통령, 선출된 군주

12월 3일 밤, 우리는 왜 그토록 무력했을까. 시민 수천 명
이 국회 앞을 지켰고, 190명의 국회의원이 전원 찬성으로 계
엄 해제를 결의했는데도, 대통령 한 사람이 막무가내로 버틴
3시간 30분 동안 계속 불안감에 시달려야 했다. 그 무력함의
뿌리는 한 개인의 광기만이 아니라 그 광기를 제어하지 못하
는 시스템에 있었다.

1987년 6월항쟁의 결과로 얻어낸 현행 헌법은 분명 '독재
를 끝내는 헌법'이었다. 악명 높았던 유신헌법의 긴급조치권•
을 삭제하고, 대통령의 국회해산권을 폐지했으며, 헌법재판

소를 부활시켰다. 이것은 분명 역사적 성취였다. 하지만 한계
도 명확했다. 당시 개헌 논의가 독재자의 '장기 집권'을 막는
데만 몰두한 나머지, 대통령이 휘두를 수 있는 '권한'을 분산
하는 데는 한계를 보인 것이다. 결국 '87년 헌법'은 제왕적 권
력의 뼈대를 상당 부분 유지한 채 임기를 5년으로 줄인 '선출
된 군주'로 이어졌다.

견제 없는 인사권

'제왕적 대통령'의 핵심은 국가 전반에 걸친 방대한 인사
권이다. 대통령이 직접 임명하거나 임명에 관여하는 고위 공
직자는 장·차관급을 포함해 7000여 명에 달하는 것으로 알
려져 있다. 공기업과 준정부기관의 기관장 및 감사 인사권까
지 더하면, 대통령의 직접적 영향권을 벗어난 국가기관은 사
실상 찾기 어렵다. 심지어 사법부 수장, 검찰총장, 감사원장
등 행정부를 견제해야 할 자리마저 모두 대통령 한 사람의 손
에서 나온다.

윤석열 정부 시절, 제왕적 인사권은 국가 시스템을 마비
시켰다. 검찰총장 출신 대통령은 검찰 출신 선후배 인사들을
온갖 직위에 꽂아 넣었다. 대통령실 비서관들은 물론이거니
와 법무부 장관, 법제처장, 금융감독원장, 국민권익위원장, 방

송통신위원장, 국가정보원 기조실장 등 국가 요직에 '검사 선후배'가 전면 배치되었다. 전문성이 필요한 자리에 사적 인연으로 얽힌 검찰 카르텔을 앉힌 것이다. 나아가 국회의 적격 여부 판단이나 인사청문보고서* 채택 없이 임명을 강행한 고위직 인사들이 연달아 등장하며 입법부의 인사 검증 기능은 철저히 무력화되었다. 공직사회의 생사여탈권을 쥔 이 거대한 인사권 앞에서 관료들은 국민이 아닌 권력자의 눈치만 살피게 되었다.

대통령의 비대한 인사권은 행정부를 넘어 사법부의 독립성마저 위협한다. 헌법상 대법관은 대법원장의 '제청'으로 국회의 동의를 얻어 대통령이 '임명'하도록 권한을 분산해 두었다. 그러나 최종 임명권을 쥔 대통령이 제청 단계부터 개입할 수 있는 구조적 맹점이 존재한다. 실제로 2023년 6월, 대법관 후임 인선 과정에서 윤석열 대통령실은 김명수 대법원장의 최종 제청이 나오기도 전에, 특정 성향의 후보가 추천될 경우 임명을 거부하겠다는 입장을 언론을 통해 공개적으로 표명했다. 이는 사법부 수장의 고유 권한인 후보 제청권에 대해 행정부가 사전 가이드라인을 제시하며 압박한 초유의 사례다. 결과적으로 대법원장이 무난한 성향의 후보를 제청하며 임명 거부라는 정면충돌은 피했으나, 권력자의 의중에 따라 사법부 최고위직 인사가 좌우될 수 있다는 위험한 선례를 남겼다.

헌법재판소도 예외가 아니다. 재판관 9명 중 대통령이 직접 지명하는 3명에 대통령이 임명한 대법원장이 지명하는 3명을 더하면 9명 중 6명의 출발점에 대통령의 손이 닿아 있다. 물론 이들이 반드시 대통령의 의중을 따르는 것은 아니며, 실제로 자신을 지명한 대통령과 다른 판단을 내린 사례도 적지 않다. 그러나 제도 자체가 시스템의 견고함이 아닌 권력자의 선의나 법관 개인의 양심에 기대어 아슬아슬하게 유지된다는 점이 근본적인 문제다.

이 아슬아슬한 구조적 위험성은 2024년 12월 비상계엄 사태로 촉발된 대통령 탄핵 정국에서 민낯을 드러냈다. 윤석열 대통령은 국회의 탄핵소추안 표결을 불과 하루 앞두고 장관급인 진실·화해를위한과거사정리위원회 위원장 인사를 단행했다. 하필 그 대상은 헌법재판소 재판관 중 유일하게 윤 대통령이 직접 지명했던 재판관의 가족이었다. 헌법재판소 심판을 목전에 둔 권력자가 막강한 인사권을 무기로 자신을 재판할 법관에게 우회적인 압박과 시그널을 보낸 것이다.

대통령 본인의 부적절한 인사권 행사에 이어, 대통령이 직무 정지된 '권한대행'* 체제에서는 아예 헌법재판소의 인적 구성을 마비시키는 사태가 벌어졌다.

2024년 12월 26일, 한덕수 당시 대통령 권한대행은 헌법재판관 선출을 위한 국회 본회의를 불과 25분 앞두고 사전 예고 없이 대국민 담화를 발표했다. "여야 합의가 이뤄질 때까지 헌법재판관 임명을 보류하겠다"라는 선언이었다. 당시 헌법재판소는 대통령 탄핵심판을 앞두고 재판관 3석이 공석인 위기 상황이었다. 국회가 헌법 절차에 따라 국회 몫 재판관 3명을 선출해 통지했는데도, 한덕수는 인사권을 무기로 임명을 거절했다. 탄핵심판을 담당할 재판부의 구성을 지연시켜 직무 정지된 대통령을 보호하려는 조치라는 비판이 쏟아졌고, 국회는 다음 날 한덕수 권한대행에 대한 탄핵소추안을 가결시켰다.

뒤이은 최상목 권한대행 체제에서는 인사권 남용이 한 걸음 더 나아갔다. 2024년 12월 31일, 국회가 선출한 3명의 후보 중 정계선, 조한창만 임명하고, 마은혁은 "여야 합의가 확인되지 않았다"라는 자의적 이유로 임명을 거부한 것이다. 헌법재판소법 어디에도 '여야 합의'라는 요건이 없으며, 국회가 표결로 선출한 헌법기관의 후보를 행정부가 임의로 평가하고 선별 임명할 권한 역시 헌법 어디에도 명시되어 있지 않다.

결국 2025년 2월 27일, 헌법재판소는 재판관 8인 전원 일치로 "대통령은 국회가 선출한 사람의 임명을 임의로 거부하거나 선별할 수 없다"라며 최상목 권한대행의 불임명이 국회의 헌법재판소 구성권을 침해한 위헌 행위라고 결정했다. 그러나 최상목 권한대행은 헌법재판소의 결정 이후에도 장기간 임명 의무를 방기했고, 급기야 직무유기 혐의로 고발되기에 이르렀다. 최고 사법기관의 위헌 결정조차 행정부가 물리적 '인사권'을 쥐고 버티면 강제할 수단이 없는 현행 제도의 치명적 맹점이 드러난 것이다.

선출되지 않은 권한대행이 민주적 정당성도 없이 헌법재판소의 인적 구성을 자의적으로 통제하려 든 이 사태는 통제받지 않는 대통령의 인사권이 얼마나 위험한 권력인지를 방증한다. 대통령이 직무 정지된 상황에서 그 권한의 껍데기만으로 국가 최고 헌법기관의 작동을 마비시킬 수 있다면, 이 권력의 구조 자체를 헌법 개정을 통해 근본적으로 바꾸지 않는 한 동일한 헌정 위기는 반드시 반복될 것이다.

감시받지 않는 권력

통제받지 않는 인사권이 또다른 참담한 결과를 낳은 곳은 감사원이었다. 감사원은 행정부의 예산 낭비와 직무 태만을 감시하는 헌법기관이다. 그런데 헌법 제97조는 이 감시기관의 소속을 감시 대상 중 하나인 '대통령 소속'으로 명시하고 있으며, 제98조에 따라 감사원장 임명권 역시 대통령에게 있다. 감사원법은 직무의 독립성을 규정하고 있지만, 임명권과 소속이 모두 대통령에게 종속된 상황에서 실제로 감사원의 독립성이 지켜지긴 어렵다.

2022년 7월, 최재해 감사원장은 "감사원은 대통령의 국정운영을 지원하는 기관이냐"라는 질문에 "지원하는 기관이라고 생각한다"라고 답했다. 여당인 국민의힘 소속 법사위원장조차 "귀를 의심케 하는 발언"이라며 재확인을 요구했지만, 최재해는 "대통령이 국정을 잘 운영하도록 감사원이 도와주는 역할을 하는 기관이냐는 것으로 받아들였다"라며 입장을 굽히지 않았다. 나중에는 한 발 더 나아가 "대통령도 국민의 한 사람으로서 감사원에 감사를 요구할 수 있다"라고까지 말했다. 행정부를 견제하라고 독립성을 보장해 준 기관의 수장이 스스로 대통령의 보좌 기관임을 자처한 것에 이어 독립성의 훼손을 정당화한 것이다.

이 발언은 단순한 실언이 아니었다. 이후 감사원의 행보가 그 말을 그대로 실행에 옮겼기 때문이다. 윤석열 대통령이 서해 공무원 피살 사건에 대해 '추가 조사가 필요하다'는 취지의 발언을 한 지 불과 4시간 만에 감사원은 해양경찰청 감사에 착수했다. 이전 정부에서 임명된 국민권익위원장에 대해서는 복무기강을 이유로 표적 감사를 강행해 사퇴를 압박했고, 방송통신위원회와 KBS에 대해서도 전 정부의 흔적을 지우기 위한 감사를 줄줄이 이어갔다. 반면 '대통령 관저 이전 불법 의혹'에 대해서는 관련 법령의 절차 준수 여부만 형식적으로 확인하는 부실 감사에 그쳤다. 전임 정부에는 현미경을, 현 정부에는 돋보기조차 들이대지 않는 노골적 이중잣대였다. 헌법적 책무를 방기한 채 정권의 사냥개로 전락한 감사원의 모습은 대통령이 인사권을 쥐고 있는 한 어떤 정부에서든 반복될 수 있는 구조적 문제다.

거부권과 시행령의 통치

인사권으로 행정부를 장악하고 감사원을 무력화한 권력은 이번에는 입법부를 향했다. 본래 '법률안 거부권'(재의요구권)˙은 극히 제한적으로 사용되어야 하지만 1987년 민주화 이후 최다 행사 기록을 갈아치울 정도로 남용되며 국회의 입법권을 무력화시켰다. 양곡관리법, 간호법, 노란봉투법, 전세사기특별법 등 민생·노동 법안을 습관적으로 거부한 것을 넘어, 자신과 가족을 향한 수사를 막기 위해 '김건희 특검법'과 '채상병 특검법'에까지 거부권을 행사했다. 윤석열이 재임 기간 동안 행사한 거부권은 총 25건에 달한다.

현행 헌법에는 재의요구권 행사에 대한 사유 제한이 없다. 헌법적 권한을 자신과 가족을 향한 수사를 방어하는 데 사용하더라도 형식적으로 '위법'이라 단정하기 어려운 구조다. 법을 만드는 국회는 재적 의원 과반수로 법률을 통과시키지만, 대통령이 거부권을 행사하면 재적 의원 3분의 2가 다시 찬성해야만 법률이 확정된다. 국민의 대표가 과반수로 의결한 법안을 대통령 한 사람이 뒤집을 수 있고, 이를 뚫으려면 초당적 합의가 필요한 이 비대칭적 상황은 헌법 개정을 통해 바로잡아야 할 결함이다.

입법을 거부하는 것을 넘어 아예 국회를 건너뛰고 시행령˙으로 정부를 운영하려는 꼼수도 횡행했다. 행정권은 법률의 위임 범위 내에서만 행사되어야 하는데도 윤석열 정부는 국회의 입법권을 우회하기 위한 수단으로 시행령을 활용했다. 국회가 입법을 통해 제한한 검찰의 직접 수사 범위를 시행령의 '등等'이라는 글자 하나를 자의적으로 해석해 원상 복구하고, 방송법 개정 대신 시행령 개정만으로 KBS 수신료 분리 징수를 강행했다. 입법부가 만든 법률에 대해 행정부가 시행령으로 그 취지를 뒤집을 수 있다면, 삼권분립˙은 교과서 속에나 존재하는 죽은 글자가 된다.

제도적으로 국회를 무시하던 대통령은 국회의 대표성마

저 부정하기 시작했다. 윤 대통령은 민주화 이후 처음으로 22대 국회 개원식에 불참했으며, 정부 예산안에 대한 시정연설마저 총리에게 대독시켰다. 그리고 이런 무시와 거부는 더욱 노골적인 폭력으로 돌변했다.

국가폭력의 사유화

제왕적 권력의 남용이 가장 폭력적인 형태로 발현된 곳은 군軍과 경찰, 곧 합법적 '국가폭력'을 집행하는 무력 기관들이었다. 국민의 생명과 안전을 책임져야 할 두 거대 집단은 사적 인연과 권력의 입맛에 따라 철저히 사유화되었다.

먼저 권력의 통제는 경찰을 향했다. 1991년 내무부 치안본부에서 외청인 경찰청으로 독립한 이후, 경찰은 30년간 정부 부처의 직접적 지휘를 받지 않는 독립 조직으로 운영되었다. 윤석열 정부는 이 제도적 방벽을 허물었다. 2022년 7월, 상위법인 정부조직법의 근거도 없이 시행령 개정만으로 행정안전부 내에 '경찰국'을 신설한 것이다. 경찰국은 총경 이상 고위직의 인사 권한까지 장악했다. 이는 31년 만에 경찰을 정권의 직접 통제 아래로 되돌려 놓는 것이었다.

경찰 내부의 반발은 격렬했다. 전국 총경의 3분의 1에 달하는 190여 명이 사상 초유의 전국경찰서장회의를 열고 집단으로 반대 의견을 표명했다. 경찰국 신설은 과거 군부 독재 시기 "내무부 치안본부 시절로 회귀"하는 것이며 "경찰의 정치적 중립성 훼손"으로 이어질 것이라는 이유였다. 그러나 정부는 반발을 '집단 항명'으로 규정하고 참석자들에 대한 감찰과 좌천 인사로 응답했다. 반대하는 자를 본보기로 처벌하자 나머지는 침묵했다. 14만 경찰 조직은 사실상 정권의 직접 통제 아래 놓였다.

군의 장악은 인사권 남용을 통해 더 노골적으로 진행되었다. '채상병 사건'에서 대통령실이 특정 사단장을 수사에서 제외하도록 외압을 행사했다는 정황은 군 인사권이 자의적으로 왜곡될 수 있음을 보여준 상징적 사건이다. 원칙에 따라 지휘관의 책임을 물으려 했던 박정훈 해병대 수사단장은 항명죄로 핍박받은 반면, 책임의 정점에 있던 지휘관은 권력의 비호 아래 살아남았다. 원칙을 지킨 자가 처벌받고 권력에 충성한 자가 살아남는다는 선례가 군 조직 전체에 각인되었다. 나아가 윤석열 대통령은 충암고 동문인 김용현 국방부 장관과 여인형 국군방첩사령관을 위시해 수도방위사령부와 특수전사령부 등 계엄 무력 동원의 핵심 요직을 자신의 '친위 세력'으로 채워 넣으며 군을 사조직처럼 장악했다.

그 결과는 참혹했다. 12월 3일 비상계엄이 선포되자 권력의 사조직으로 전락한 두 기관은 완벽히 공조해 내란의 실행 도구가 되었다. 무장한 군 병력은 헬기를 타고 국회의사당에 진입했고, 경찰은 국회 외곽을 봉쇄하며 시민과 국회의원들의 진입을 무력으로 가로막았다. 국가와 국민을 지켜야 할 합법적 폭력이 대통령 한 사람의 권력 방어를 위한 사적 흉기로 전락한 것이다. 경찰국 신설에 반대하다 좌천당한 경찰들의 경고가 2년 뒤 가장 끔찍한 형태로 현실이 되었다.

폭주하는 비상대권

인사권을 장악하고, 감시 기구를 무력화하고, 의회를 우회하고, 물리적 강제력까지 손에 넣은 대통령이 마지막으로 꺼내 든 카드가 비상계엄이었다. 전시나 사변이 아닌데도 대통령의 자의적 판단만으로 계엄이 선포되었고, 이를 사전에 제어할 장치는 작동하지 않았다.

그날 밤 열린 국무회의*에서 국무위원 대다수가 반대 의사를 표했다고 한다. 그러나 계엄은 결국 선포되었다. 국무회의가 이를 막지 못한 이유는 명백하다. 헌법 제89조는 계엄 선포를 국무회의 심의 사항으로 규정하고 있다. 곧 국무회의는 어디까지나 의견을 나누는 '심의' 기구일 뿐 '의결권'이 없는 것이다. 국무위원 전원이 반대하더라도 최종 권한을 쥔 대통령이 강행을 지시하면 합법적으로 막을 방법이 없다.

헌법 제77조 제5항은 "국회가 재적 의원 과반수의 찬성으로 계엄의 해제를 요구한 때에는 대통령은 이를 해제하여야 한다"라고 명확하게 규정하고 있다. 12월 4일 새벽 1시, 국회는 190명 만장일치로 이 요건을 충족했다. 그러나 대통령은 무려 3시간 30분 동안 해제 선언을 거부하며 버텼다. 대통령의 의사와 상관없이 국회 의결 즉시 계엄이 '자동으로 무효화'되도록 강제하는 헌법적 메커니즘이 필요한 이유다.

이 문제와 비슷한 역사적 선례가 이미 존재한다. 1952년 부산정치파동 당시 이승만 대통령은 자신의 재선을 위한 개헌을 밀어붙이기 위해 계엄령을 선포하고 야당 의원들을 연행했다. 국회가 헌법에 따라 계엄 해제를 요구했지만 이승만은 이를 철저히 묵살했고, 강압적 분위기 속에서 위헌적인 발췌개헌안이 통과되었다. 대통령에게 '비상대권'이라는 절대반지가 존재하는 한, 이를 실행에 옮기려는 유혹이 반복될 수 있다는 것이 70년의 시차를 두고 증명된 것이다.

대통령이 가진 비상대권은 계엄권에 국한되지 않는다. 헌법 제76조는 대통령에게 두 가지 긴급권을 더 부여한다. 국가 위기 상황에서 법률의 효력을 가지는 '긴급명령권'과 중대한 재정·경제상의 위기에서 발동하는 '긴급재정경제명령권'

이 바로 그것이다. 이 두 권한의 본질적 위험성은 국회의 '사전 동의'가 필요 없다는 점에 있다. 대통령이 임의로 먼저 발동한 뒤 나중에 국회에 보고해 승인을 받으면 그만이다. 사후에 국회가 승인하지 않으면 그때부터 효력을 잃지만, 이미 무력이나 국가 공권력을 통해 집행된 조치를 원상태로 되돌리는 것은 현실적으로 어려운 일이다. 사후 통제 장치가 작동하기 어려운 구조다.

제6공화국에서 이 긴급권이 사용된 적이 딱 한 번 있다. 1993년 김영삼 대통령이 '금융실명제'를 전격 도입할 때 긴급재정경제명령을 활용했다. 물론 금융실명제 도입은 부패의 고리를 끊고 사회 투명성을 높이는 긍정적 결과를 낳았다. 하지만 도구는 누가 어떤 목적으로 쓰느냐에 따라 전혀 다른 결과를 낳을 수 있다. 2024년 12월 3일은 계엄이라는 수단을 택했지만, 훗날 등장할 또다른 독단적 권력자는 긴급명령이라는 다른 무기를 동원해 의회와 국민을 기습할지 모른다.

문제는 이 위험한 도구들이 여전히 대통령에게 그대로 남아 있다는 사실이다. 파면된 대통령이 헌정질서를 부수기 위해 휘두르던 비상대권, 국회의 입법을 무력화하던 거부권, 관료와 무력 기관을 쥐락펴락하던 인사권은 한 치의 손상도 없이 다음 대통령의 손에 고스란히 쥐어졌다. 사람은 바뀌었지만 권력의 날 선 칼자루는 변하지 않았다.

헌정 위기가 반복되는 참담한 역사를 끊어내기 위해서는 '나쁜' 대통령의 출현을 경계하는 것을 넘어, 대통령 손에 들린 그 위험한 칼자루를 제도적으로 회수해야 한다. 헌법은 최선의 지도자가 다스릴 때가 아니라, 최악의 지도자가 권력을 잡았을 때 국가와 시민을 보호할 수 있도록 설계되어야 한다.

유신헌법과 긴급조치권 1972년 박정희 대통령이 자신의 영구 집권을 위해 만든 헌법을 '유신헌법'이라 한다. 이 헌법은 대통령에게 거의 무제한적 권한을 부여했는데, 그중 가장 악명 높은 독소조항이 바로 '긴급조치권'(제53조)이었다. 긴급조치권이란 대통령이 국회의 동의 없이 국민의 헌법상 기본권을 잠정적으로 정지시키고 제한할 수 있는 초법적 명령 권한이다. 실제로 박정희 정권은 이 권한을 9차례나 발동해 유신헌법에 대한 비판과 개헌 논의 자체를 철저히 금지하고, 이에 반대하는 시민과 학생들을 대거 체포하고 투옥했다.

가장 위험한 것은 법원조차 이 긴급조치가 합법적인지 심사할 수 없었다는 점이다. 헌법에 "긴급조치는 사법적 심사의 대상이 되지 아니한다"라고 못을 박아두었기 때문이다. 대통령의 명령 한 마디로 사법부의 기능이 정지되고 국가폭력에 합법적인 면죄부가 쥐어진 것이다. 87년 헌법은 이 긴급조치권을 삭제했다.

인사청문회 대통령이 국무총리, 대법원장, 장관 등 고위공직자를 임명하기 전에 국회가 후보자의 자질과 적격 여부를 검증하는 절차다. 국회의원들이 후보자에게 질문하고, 후보자가 답변하는 공개 청문회 형식으로 진행된다. 청문회가 끝나면 해당 상임위원회가 '인사청문경과보고서'를 채택한다. 국무총리와 대법원장 등은 국회의 '동의'가 필요하므로, 국회가 반대하면 임명할 수 없다. 하지만 장관 등 일부 직위는 국회 동의가 아닌 '청문' 절차만 거치면 되기 때문에 보고서가 채택되지 않더라도 대통령이 임명을 강행할 수 있다. 이것이 이른바 '청문회 무시 임명 강행'이 가능한 이유다.

대통령 권한대행 대통령이 탄핵으로 인한 직무 정지, 사고, 질병 등의 이유로 직무를 수행할 수 없을 때 다른 사람이 대통령의 권한을 대신 행사하는 제도다. 헌법 제71조에 따라 국무총리가 1순위이며, 국무총리마저 직무를 수행할 수 없으면 법률이 정한 국무위원 순서(기획재정부 장관, 교육부 장관 등)에 따라 그 직무를 이어받는다.

'궐위'와 '직무정지'는 구별해야 한다. 대통령이 사망하거나 탄핵이 최종 인용되어 파면되면 '궐위'가 되고, 60일 이내에 대통령 선거를 치러야 한다. 반면 탄핵소추안이 가결되어 심판이 진행 중인 동안은 '직무정지' 상태로, 대통령의 자리 자체는 비어 있지 않지만 권한은 행사할 수 없다.

권한대행은 국민이 직접 선출한 사람이 아니기 때문에 민주적 정당성이 약하다. 헌법이 권력의 '승계'가 아닌 '대행'이라는 표현을 쓴 것도 이 때문이다. 따라서 권한대행이 대통령의 권한을 어디까지 행사할 수 있는지에 대한 오랜 논란이 있다. 2017년 박근혜 대통령 탄핵 당시 황교안 권한대행은 '소극적 권한 행사' 관례에 따라 헌법재판관 후임을 지명하지 않았다. 그러나 2024년 윤석열 대통령 탄핵 정국에서는 한덕수 권한대행이 국회가 선출한 헌법재판관 임명을 거부하고, 뒤이은 최상목 권한대행은 3명 중 2명만 임명했다. 곧 적극적 권한 행사와 선별적 권한 행사가 모두 발생하면서 제도의 허점이 드러났다. 헌법재판소는 이 선별적 임명이 국회의 권한을 침해한 위헌 행위라고 결정했지만, 결정 이후에도 이행을 강제할 수단이 없어 수 주 동안 방치되었다.

법률안 거부권(재의요구권) 국회를 통과한 법률안에 대해 대통령이 '다시 심의해 달라'고 국회에 돌려보내는 권한이다. 대통령이 거부권을 행사하면 국회는 재적 의원 과반수 출석에 출석 의원 3분의 2 이상이 다시 찬성해야만 그 법률을 확정할 수 있다. 일반 법률 의결보다 훨씬 높은 문턱이므로 사실상 대통령이 원하지 않는 법률의 통과를 막는 강력한 무기가 된다.

원래 이 권한은 국회가 헌법에 어긋나거나 현실적으로 집행이 불가능한 법률을 강행할 때 행정부가 이를 견제하기 위한 안전장치로 설계되었다. 그러나 이 방패가 야당의 입법을 막아서는 검으로 남용될 경우, 국회의 입법 기능은 완전히 마비된다.

시행령과 위임입법 법률은 국민의 대표 기관인 국회가 만든다. 하지만 법률이 세상의 모든 세부 사항을 일일이 정할 수는 없으므로, 뼈대만 법률로 세우고 구체적인 살을 붙이는 작업은 행정부(대통령이나 각 부처 장관)가 '시행령'이나 '시행규칙'을 만들어 처리한다.

예를 들어, 국회가 "음식점은 위생 기준을 지켜야 한다"라는 법률을 만들면, 정부는 시행령으로 "조리대의 높이는 몇 센티미터 이상이어야 하고, 냉장고 온도는 몇 도 이하여야 한다"라는 식으로 구체적인 실행 기준을 정하는 것이다.

이처럼 국회가 행정부에게 세부 사항을 정할 수 있도록 권한을 넘겨주는 것을 '위임입법'이라고 한다. 여기서 가장 중요한 원칙이 있다. 먼저 국회는 행정부에 '알아서 다 하라'며 백지수표를 주어서는 안 되고, 반드시 구체적인 범위를 정해주어야 한다. 또 행정부의 시행령은 반드시 법률이 허락한 테두리 안에서만 만들어져야 한다. 법률이 A를 정하라고 위임했는데 시행령이 제멋대로 B까지 정해버리면, 그것은 법률을 위반한 불법적 시행령이 된다.

삼권분립 국가 권력을 세 갈래로 나누어 서로 견제하게 하는 원리다. 한 사람이나 한 기관이 법을 만들고, 집행하고, 재판까지 한다면 누구도 그 권력을 막을 수 없기 때문에 세 기관이 서로를 감시하도록 설계한 것이 삼권분립이다. 18세기 프랑스의 사상가 몽테스키외가 체계화한 이 원리는 오늘날 거의 모든 민주주의 국가 헌법의 토대가 되고 있다.

입법부(국회): 법률을 만든다.
행정부(대통령과 정부): 법률을 집행한다.
사법부(법원): 법률을 해석하고 분쟁을 판단한다.

국무회의 국무회의는 대통령, 국무총리, 국무위원(장관)들이 모여 국가의 중요한 정책을 논의하는 최고 심의기관이다. 그런데 여기서 핵심은 국무회의가 '심의' 기관이지 '의결' 기관이 아니라는 점이다.

심의: 안건에 대해 검토하고 의견을 나누는 것. 그 결과가 대통령을 구속하지 않는다.

의결: 참석자들의 투표로 최종 결정을 내리는 것. 그 결과에 구속력이 있다.

국무회의는 심의기관이기 때문에 국무위원 전원이 반대해도 대통령이 '그래도 하겠다'고 결정하면 막을 수 없다.

1987년의 옷으로
2026년을 살 수 있을까?

1987년과 2026년

1987년, 한 청년이 아침 일찍 일어나 공장으로 출근한다. 배기가스를 뿜어내는 버스 안에서 신문을 읽고, 퇴근 후에는 동료들과 막걸리 한 잔을 기울이며 나라 걱정을 한다. 그해 여름에는 거리에서 최루탄을 맞았고, 겨울에는 처음으로 대통령 선거 투표용지를 손에 쥐었다. 그것이 그가 알던 정치의 전부였다.

2026년, 그 청년의 자녀뻘 되는 누군가가 아침을 시작한다. 스마트폰으로 알고리즘이 골라준 뉴스를 스크롤하다가 어젯밤 자신이 팔로우한 정치인의 SNS 게시물에 댓글을 단다. 오늘의 일감은 앱에서 확인한다. 매년 최고기온을 경신하는 여름, 폭염 경보가 떴지만 배달을 멈출 수는 없다.

40년간 달라진 것은 삶의 방식만이 아니다. 무엇이 지켜져야 할 권리인지, 누가 어떻게 책임져야 하는지, 어디까지가 국가의 역할인지에 대한 우리의 감각도 바뀌었다. 그러나 이 모든 변화의 한가운데에서 우리 삶을 규정하는 최고 규범인 헌법만은 여전히 1987년의 청년이 투표한 그대로 남아 있다.

미국의 제3대 대통령 토머스 제퍼슨은 "법률과 제도는 인간 정신의 진보와 함께 가야 하며, 상황의 변화에 따라 시대에 보조를 맞춰야 한다"라고 말하며, 19년마다 한 번씩 헌법이 개정되어야 한다고 주장했다. 한 세대가 지날 때마다 새로운 세대가 자신이 살아갈 사회의 기준을 결정할 수 있어야 한다는 이야기다. 제퍼슨의 기준을 적용하면, 우리는 이미 2006년과 2025년, 두 차례의 개정 시점을 그냥 흘려보낸 셈이다. 물론 국가의 최고 규범인 헌법은 너무 자주, 함부로 바뀌어서는 안 된다. 안정성 역시 매우 중요한 가치이기 때문이나. 18~19세기 당대에도 제퍼슨의 이 주장은 너무 급진적이라는 반론에 부딪혔다. 하지만 제퍼슨의 통찰이 우리에게 일깨우는 핵심은 분명하다. 아무리 훌륭한 제도라도 시대의 변화를 담아내지 못하면 결국 생명력을 잃는다는 것이다.

공장 굴뚝이 사라지는 시대의 노동권

지난 40년 동안 한국 사회를 바꾼 가장 극적인 변화는 일하는 방식에서 나타난다. 87년 헌법이 상정한 '근로자'는 공장이나 사무실에서 근로계약서를 쓰고, 정해진 시간에 출퇴근하는 전통적인 임금 노동자였다. 대한민국의 산업 현장은 제조업이 이끌었고, 노동자의 권리란 곧 공장 노동자의 권리로 상상되었다. 헌법 제32조와 제33조가 '근로'라는 단어를 중심으로 설계된 것은 그 시대의 당연한 선택이었다.

하지만 2026년의 노동 현장은 근본적으로 달라졌다. 이른바 '앱'을 통해 일거리를 찾는 이들이 생겨났다. 배달 라이더와 대리운전 기사가 대표적이다. 특정 플랫폼을 매개로 일하는 프리랜서들인데, 한국고용정보원에 따르면 플랫폼을 통해 일감을 구하는 종사자는 약 220만 명에 이른다. 이들은 분명히 일을 하고 돈을 벌지만, 법의 언어는 이들을 노동자라 부르지 않는다. 플랫폼 기업이 '파트너'라고 이름 붙인 이들에게는 산재보험도, 최저임금도, 부당해고에 대한 구제도 없다. 고용의 비용과 책임은 모두 일하는 사람의 몫이다. 2022년부터 2025년까지 배달 중 사망한 라이더는 140명이 넘지만, 이들 대부분은 법적으로 '노동자'가 아니기에 산업재해로 인정받는 과정이 또 하나의 싸움이었다.

새로운 노동의 형태는 앞으로도 계속 등장할 것이다. 헌법의 언어가 공장과 사무실에 머물러 있는 한, 노동의 현실과 법의 보호 사이의 간극은 더욱 벌어질 수밖에 없다.

1987년에 없던 위기들: 기후와 디지털

1987년에는 '기후위기'라는 단어가 없었다. 1992년 브라질 리우회의에서 온실가스 감축을 위한 유엔기후변화협약이 채택된 이후에야 '지구 온난화 방지'가 국제적 의제로 부상했다. 하지만 지금 우리는 기후위기가 새로운 소식이 아니라 일상이 된 세계에 살고 있다. 2025년 여름, 서울의 열대야 일수는 역대 최다를 기록했고, 매년 '기상 관측 이래 최악의 폭염'이라는 뉴스가 반복되고 있다. 폭염과 폭우로 농사를 망쳐 '금사과' '금배추' 사태가 발생하고, 고수온 현상으로 양식장 물고기들이 피해를 입어 밥상 물가가 폭등한다. 기후 재난은 더이상 먼 나라 이야기가 아니라 내 삶의 문제가 되었다.

기후위기는 환경 문제이기 이전에 불평등의 문제이기도 하다. 폭염에 가장 먼저 쓰러지는 이는 에어컨 없는 쪽방촌의 노인이고, 홍수에 가장 먼저 잠기는 곳은 가난한 이들이 사는 반지하다. 폭염 속에서도 배달을 멈출 수 없는 라이더의 생존과 안전은 누가 책임지는가. 기후위기를 막기 위한 노력은 이

제 국가의 의무가 되어야 하지만, 현행 헌법 어디에도 기후에 대한 국가의 책임은 명시되어 있지 않다.

정보통신 기술의 급격한 발전으로 디지털 사회가 도래한 것도 1987년과 지금의 큰 차이다. 1987년에는 누군가를 감시하려면 사람을 동원해 미행해야 했다. 하지만 오늘날에는 국가와 거대 플랫폼 기업이 검색 기록, 위치 정보, 소비 패턴 등을 실시간으로 추적할 수 있다. 스마트폰 하나가 1987년의 안기부보다 더 정밀한 감시 기능을 수행한다고 봐도 과언이 아니다. 따라서 시민 누구나 내 개인정보가 어디에 쓰이는지, 누가 보는지, 어떻게 삭제할 수 있는지 알고 결정할 수 있어야 하는데, 이 기본 권리가 현행 헌법에는 존재하지 않는다.

AI의 등장은 이 문제를 한 차원 더 복잡하게 만든다. 이미 AI가 이력서를 걸러내고, 대출 심사를 하며, 보험료를 산정하는 시대가 왔다. 그런데 지원자는 자신이 왜 탈락했는지 알 수 없고, 알고리즘이 어떤 기준으로 판단했는지 공개되지 않는다. 눈에 보이지 않는 코드 한 줄이 한 사람의 일자리와 신용을 좌우하는데, 여기에 이의를 제기할 헌법적 근거 또한 어디에도 없다. 87년 헌법은 국가 권력의 감시로부터 시민을 보호하는 데 초점을 맞추었지만, 2026년의 시민은 국가만이 아니라 알고리즘으로부터도 보호를 받아야 한다.

달라진 시민, 멈춰 있는 정치제도

모든 시민이 똑같은 TV 뉴스나 신문 기사를 통해 정치 소식을 접하고, 정치적 의사 표현과 활동이 현장에서, 대면으로 이뤄지던 1987년의 한국 사회와 누구나 개인화된 알고리즘을 통해 정치에 대한 소식을 듣고, 정치인의 SNS를 팔로우하며, 인터넷 커뮤니티에서 정치에 대해 이야기하는 2026년의 한국 사회는 정치를 대하는 시민의 의식 면에서 커다란 차이를 보인다. 1987년의 시민은 '내 손으로 대통령을 뽑는 것'만으로도 혁명적 성취를 느꼈다. 하지만 2026년의 시민은 선출된 권력이 제대로 일하고 있는지 실시간으로 감시하고, 자신과 의견이 다른 정책에는 즉각 목소리를 높이며, 때로는 직접 정치적 의제를 만들어내기도 한다. 선거 때 투표장에 가는 것만으로 정치적 활동을 다했다고 생각하는 시민은 이제 거의 없다.

40년 전과 지금, 정치를 대하는 시민의 태도 변화가 가장 극직으로 드러난 사례는 바로 정당 기입 숫지다. 중앙선거관리위원회 자료에 따르면, 2024년 기준으로 각종 정당에 가입된 당원 수는 총 1128만 명에 달한다. 더불어민주당은 500만 당원을 돌파했고, 국민의힘 역시 444만 명에 이른다. 전체 유권자 네 명 중 한 명이 정당원인 셈이다.[1] 1991년, 통합민주당

창당 당시 중앙선거관리위원회에 신고한 '명부상 당원' 수가 59만 명이었던 것과 비교하면, 지난 35년간 형식적으로나마 정당에 참여의 뜻을 밝힌 시민이 8배 이상 늘어난 것이다.

대부분의 국가에서 정당원들이 줄어드는 추세라는 점에 비추어 보면, 정치에 대한 한국인들의 열성은 특기할 만하다. 물론 당비를 내고 적극적으로 활동하는 이른바 '진성 당원'과 단순 가입자인 '명부상 당원' 사이에는 적지 않은 괴리가 존재한다. 그럼에도 이 거대한 수치가 시사하는 바는 명확하다. 시민들이 더이상 선거 때 투표하는 것에 그치지 않고, 자기 목소리를 내며 정치에 직접 참여하고자 한다는 것이다.

하지만 여전히 국가의 통치 구조는 1987년이라는 시점에 고정된 채로 남아 있다. 정치에 대한 참여 열망은 갈수록 커지는데, 정치제도는 '우리 손으로 대표를 뽑는 것'이 목표이던 시절에 머물러 있다. 몸이 자라면 낡은 옷은 갈아입어야 한다. 더이상 1987년의 옷으로 2026년의 대한민국을 살 수 없다. 1987년의 시민들이 목숨을 걸고 직선제를 요구했듯, 2026년의 시민들은 이제 더 나은 민주주의를 설계할 권리를 주장해야 한다. 좋은 헌법은 누군가 만들어 주는 선물이 아니다. 시민이 쟁취해야 하는 것이다.

헌법 개정은 결국 정치인들 밥그릇 싸움 아닌가요?

왜 지금 서둘러야 하나요?

개헌 이야기가 나올 때마다 어김없이 등장하는 반응이 있다. "어차피 정치인들 입맛에 맞게 바꾸는 것 아니냐?" "대통령 임기 연장하려는 꼼수 아니냐?" "헌법이 바뀐다고 뭐가 달라지냐?" 이 냉소가 근거 없는 것만은 아니다. 역대 대통령들이 개헌을 국면전환용 도구로 활용해 온 역사가 길고, 실제로 개헌 논의가 터질 때마다 핵심 의제는 늘 '권력 구조 개편', 곧 대통령과 국회, 거대 양당이 서로 유리한 제도를 차지하기 위한 힘겨루기에 그쳤기 때문이다.

하지만 바로 그렇기 때문에 이제는 시민이 개헌 논의의 주인이 되어야 한다. 개헌이 '정치인들의 게임'으로 전락하는 것을 막으려면 냉소로 외면하는 것이 아니라 시민이 직접 뛰어들어 의제를 장악해야 한다. 물론 헌법을 함부로 바꾸어서는 안 된다는 주장도 있다. 하지만 40년간 단 한 글자도 바뀌지 않은 헌법은 안정적인 것이 아니라 경직된 것이다. 중요한 것은 '바꾸느냐 마느냐'가 아니라 '어떻게 바꾸느냐'다. 시민의 폭넓은 참여와 숙의를 거쳐 시대의 변화를 담아내는 개헌은 헌법을 훼손하는 것이 아니라 헌법의 생명력을 되살리는 일이다.

지금이 바로 그 일을 해야 할 때다. 정치 상황이 바뀌고, 여론이 식고, 다른 의제가 부상하면 개헌은 또다시 '다음 정권의 과제'로 밀려난다. 새로운 대통령이 당선될 때마다 개헌을 약속했지만, 단 한 번도 제대로 성사되지 못한 역사가 이를 증명한다. 이 문은 영원히 열려 있지 않다. 지금이 바로 시민이 어떤 헌법을 원하는지 구체적으로 말해야 할 때다.

헌법이 바뀐다고 내 삶이 달라지나요?
아무리 잘 만들어도 안 지키면 그만 아닌가요?

헌법은 저 멀리 있는 정치인들만의 규칙이 아니다. 헌법 재판소의 판결 하나가 우리 일상을 어떻게 뒤집었는지 돌아보자. 지금 우리가 포털사이트나 커뮤니티에 실명 인증 없이 자유롭게 글을 쓸 수 있는 것은 2012년 헌법재판소가 '인터넷 실명제'를 위헌으로 결정했기 때문이다. 수십년간 여성을 범죄자로 만들며 몸에 대한 통제권을 빼앗았던 '낙태죄'가 2019년 역사 속으로 사라진 것 역시 헌법이 보장하는 개인의 '자기결정권'이 국가의 형벌권보다 우선한다는 엄중한 선언 덕분이었다. 이처럼 헌법은 불합리한 법률을 단숨에 무너뜨리는 실질적인 힘을 갖고 있다. 오늘날 우리가 겪는 답답함도 헌법의 부재에서 온다. 배달 플랫폼에서 일하는 라이더가 노동법의 보호를 받지 못하는 것은 현행 헌법의 보호 대상이 낡은 '근로자' 개념에 갇혀 있기 때문이다. 지방 주민이 서울과 똑같은 세금을 내면서도 열악한 인프라를 감수해야 하는 것은 헌법에 '지방분권'에 대한 명확한 설계도가 없기 때문이며, 거대 플랫폼이 내 개인정보로 돈을 벌어도 제동을 걸기 어려운 것은 헌법에 '정보기본권'이 없어서다.

"아무리 잘 만들어도 안 지키면 그만 아니냐"라는 냉소가 있을 수 있다. 그러나 낙태죄와 인터넷 실명제 폐지가 증명하듯, 시대의 요구가 헌법에 명문화되는 순간 그것은 단순한 선언을 넘어 시민의 가장 강력한 '법적 무기'가 된다. 헌법에 권리가 적혀 있다면, 시민은 법원을 통해 국가의 무책임을 강제하고 일상을 억압하는 법률을 폐기할 수 있다. 헌법이 바뀌어야만 우리의 삶을 지킬 방패가 비로소 완성된다.

2장

우리는 어떤 헌법을 만들어야 하는가

헌법의 얼굴:
전문과 제1조

헌법 첫 줄이 말하는 것

우리가 쟁취해야 할 헌법은 어떤 모습이어야 할까. 헌법을 설계하려면 어디서부터 시작해야 할까. 헌법의 첫 줄, 곧 우리가 어떤 나라를 만들 것인지를 선언하는 '전문前文'과 '제1조'부터 다시 써야 한다.

헌법을 펼치면 세일 먼저 만나는 것이 선문이다. 법조문이 시작되기 전, 이 헌법이 왜 만들어졌고 무엇을 지향하는지를 선언하는 짧은 글이다. 헌법재판소는 전문이 헌법의 일부로서 재판의 근거가 될 수 있다고 판시해 왔다. 개별 조항의 의미가 불분명할 때 전문에 담긴 정신이 해석의 나침반이 된다. 전문에 무엇을 담느냐에 따라 헌법 전체의 해석 지형이 달라지는 것이다.

현행 헌법 전문은 "유구한 역사와 전통에 빛나는 우리 대한국민은 3·1운동으로 건립된 대한민국임시정부의 법통과 불의에 항거한 4·19민주이념을 계승하고"라고 시작한다. 3·1운동과 4·19혁명을 명시적으로 담은 것은 큰 의미가 있다. 대한민국이 독립운동과 민주주의의 역사 위에 서 있다는 것을 선언한 것이기 때문이다.

하지만 1987년에 멈춰 있는 현행 헌법 전문의 바깥에는 기록되지 못한 또다른 민주주의의 역사들이 서성이고 있다. 유신독재에 맞섰던 1979년 부마민주항쟁, 신군부의 총칼에 목숨 걸고 싸웠던 1980년 5·18광주민주화운동, 마침내 군사독재를 끝장낸 1987년 6월항쟁의 함성이 빠져 있다. 나아가 불의한 권력을 평화적으로 무너뜨린 2016년 촛불의 물결과 비상계엄을 맨몸으로 막아낸 2024년 시민들의 저항도 이제는 헌법의 이름으로 기록되어야 할 역사다.

헌법 전문은 우리가 어떤 공동체인지, 어떤 가치를 위해 싸워왔는지를 공식적으로 선언하는 문서다. 저항의 역사들을 전문에 새겨 넣자는 것은 단순히 과거의 역사를 기념하자는 뜻이 아니다. 위헌적이고 폭력적인 국가 권력에 맞선 시민의 저항은 곧 대한민국이 지향해야 할 헌법적 가치이며, 권력자가 또다시 민주주의를 짓밟으려 할 때 언제든 권력을 회수할 '저항권'이 국민에게 있음을 국가의 최고 규범에 영구히 명시하자는 것이다. 그것이 언젠가 미래에 다가올 위기 앞에서 시민들에게 다시 일어설 용기를 북돋아 줄 수 있기 때문이다.

제1조: '민주공화국'을 다시 설계하다

현행 헌법 제1조는 두 개의 항으로 되어 있다. "대한민국은 민주공화국이다"와 "대한민국의 주권은 국민에게 있고, 모든 권력은 국민으로부터 나온다"다. 이 두 문장은 우리 헌법에서 가장 많이 인용되고, 가장 자주 외쳐진 문장들이다. 2016년 촛불집회에서, 12·3 비상계엄에 맞선 거리에서 시민들은 이 문장을 방패 삼아 위헌적 권력에 저항했다. 제1조는 형식적인 법조문이 아니라 민주주의가 위기에 처할 때마다 시민이 손에 쥔 최후의 무기였다.

그러나 이 선언이 국가 권력의 폭력석인 일발 앞에서 속수무책으로 무력화되지 않으려면, 새 헌법 제1조에 권력의 분산과 시민 저항의 권리를 명확한 규범으로 박아넣어야 한다. 국가 설계의 청사진을 보완하기 위해 다음 두 항의 신설이 필요하다.

첫째, 실질적 지방분권의 명시다. 현행 헌법은 "모든 권력은 국민으로부터 나온다"라고 선언한다. 그러나 주권자인 국민이 전국 어디에나 존재하는데도 현실의 권력과 자원은 서울 한 곳에 집중되어 있다. 따라서 진정한 의미의 주권재민을 실현하려면 권력 역시 지리적·제도적으로 분산되어야 한다는 원칙이 확립되어야 한다.

이를 위해서는 프랑스 헌법 제1조가 "프랑스는 지방분권화된 조직을 가진다"라고 선언한 것처럼, 우리 헌법 제1조에 "대한민국은 지방분권을 기본으로 하는 민주공화국이다"라는 원칙을 새겨넣어야 한다. 이는 단순한 법조문 수정이 아니라, 중앙집권 국가에서 분권형 국가로 공화국의 뼈대를 바꾸는 거대한 체제 전환이다.

이 한 줄이 국가의 정체성을 규정하는 제1조에 들어가면, 중앙에 집중된 권력과 재정을 지역으로 분산하는 모든 후속 입법과 정책의 최고 규범적 근거가 된다. 분권은 행정의 효율성 문제가 아니라 권력의 과도한 집중을 구조적으로 차단하는 민주공화국의 핵심 견제 장치로 작동할 것이다.

둘째, 저항권 명시다. 현행 헌법 전문에는 "불의에 항거한 4·19민주이념을 계승"한다는 문구가 있다. 우리 법원은 이를 근거로 저항권을 인정하고는 있지만, 추상적 이념의 형태로

만 존재할 뿐 본문에는 이에 대한 명시적 조문이 없다. 그 결과 12·3 비상계엄의 밤, 맨몸으로 맞선 시민들의 위대한 행동은 도덕적으로는 영웅적이었으나, 법적으로는 헌법이 보장하는 권리에 근거한 행위라고 명확히 말하기 어려웠다.

독일 기본법 제20조 제4항은 "이 질서를 제거하려는 자에 대하여 다른 구제 수단이 불가능할 때에는 모든 독일인은 저항할 권리를 가진다"라고 명시하고 있다. 제2차 세계대전 당시 히틀러의 '합법적 독재'를 경험한 독일이기에 국가 권력이 헌법을 파괴하려 들 때 시민이 직접 실력 행사에 나서는 것이 정당한 헌법적 권리임을 명확히 명시한 것이다. 권력의 사유화와 헌정 파괴의 시도를 반복해 겪은 대한민국 역시 "헌법의 민주적 기본질서를 파괴하려는 시도에 대하여 모든 국민은 저항할 권리를 가진다"라는 조항을 국가의 정체성인 제1조에 새겨야 한다. 이는 시민의 저항이 도덕적 당위나 사후적 정당화의 대상이 아니라, 민주공화국을 수호하기 위해 헌법이 가상 강력하게 보상하는 국민의 공식적 권리임을 쐐기 박는 일이다.

국민의 권리와 의무:
2026년의 기본권

기본권의 역사는 확장의 역사다

전문과 제1조에 이어지는 헌법 총강(제1장, 제1~9조)은 대한민국이라는 국가가 작동하는 기본 원리와 국가의 뼈대를 담는 곳이다. 현행 헌법의 총강이 국제평화주의, 침략전쟁 부인 등 1987년의 시대적 과제를 반영하고 있는 것처럼, 새 헌법의 총강 역시 마땅히 2026년의 현실을 담아야 한다.

기후위기 대응이 국가의 기본 책무임을 명시하는 것, 민주주의의 기반인 다원적 정당 체계를 보호하는 것 그리고 디지털 전환 과정에서 시민을 보호할 국가의 의무를 선언하는 것이 총강에 담겨야 할 새로운 국가의 목표들이다.

국가의 목표가 확장되면, 주권자인 국민이 국가에 요구할 수 있는 '기본권' 목록도 함께 확장되어야 한다. 역사적으로 헌법이 보장하는 기본권은 시대의 억압에 맞서 끊임없이 그 영역을 넓혀왔다.

18세기 시민혁명기의 헌법은 절대군주에 맞서 신체의 자유, 재산권, 평등권을 쟁취해 냈다. 19세기에는 노동자와 여성으로 참정권(투표권)이 확대되었고 집회와 결사의 자유가 본격화되었다. 20세기에 이르러서는 자본주의의 모순을 극복하기 위해 노동권, 교육권, 사회보장권 같은 '사회적 기본권'이 헌법에 등장했다. 그리고 21세기는 전혀 다른 차원의 위협에 맞서는 새로운 기본권의 시대다.

현행 헌법의 기본권 조항들이 허술하거나 잘못된 것은 아니다. 하지만 1987년에는 존재하지 않았거나 상상조차 하기 어려웠던 현실들이 지금 우리 삶을 직접적으로 옥죄고 있다. 거대 플랫폼 경제의 독점, 생존을 위협하는 기후 재난, 디지털 감시와 인공지능이 통제하는 정보사회의 문제들은 40년 전의 기본권 개념만으로는 방어하기 어렵고, 해석을 넓히더라도 그 보호 범위에 명백한 한계가 있다.

여기서는 1987년의 낡은 방패를 거두고, 새 헌법이 담아야 할 21세기의 핵심 기본권 영역들을 하나씩 살펴보겠다.

배제 없는 평등

87년 헌법의 '평등'은 2026년을 담아내기에 너무 좁다. 현행 헌법 제11조는 "모든 국민은 법 앞에 평등하다. 누구든지 성별·종교 또는 사회적 신분에 의하여 정치적·경제적·사회적·문화적 생활의 모든 영역에 있어서 차별을 받지 아니한다"라고 규정한다. 1987년의 시야에서는 성별, 종교, 신분이 차별의 주요 축이었고, 이 조항은 그 시대의 치열한 문제의식을 반영한 것이었다. 하지만 2026년의 차별은 훨씬 복잡하고 교묘해졌다.

성적 지향을 이유로 직장에서 쫓겨나거나 입대를 거부당하는 사람, 트랜스젠더라는 이유로 대학 입학을 포기하는 사람, 피부색이 다르다는 이유로 임대차 계약을 거절당하는 이주민…. 이들이 일상에서 겪는 폭력적 차별은 헌법 제11조가 열거한 "성별·종교·사회적 신분" 어디에도 명확히 포섭되지 않는다. 헌법재판소가 이 조항을 폭넓게 해석해 열거되지 않은 사유에 의한 차별도 금지한다고 밝혀왔지만, 헌법에 명시되지 않은 권리는 언제든 시대의 편견이나 법관의 성향에 따라 다시 좁아질 수 있다.

이 법적 공백을 메우기 위한 '포괄적 차별금지법' 제정 시도는 2007년 처음으로 발의된 이후 무려 19년 가까이 국회 문턱에서 번번이 좌절되었다. 차별을 막을 법률 하나조차 만들지 못하는 참담한 현실은 역설적으로 차별 금지의 원칙이 하위 법률이 아닌 국가 최고 규범인 헌법 차원에서 단단히 못 박혀야 하는 이유를 강하게 뒷받침한다. 새 헌법은 제11조에 '성적 지향' '성별 정체성' '인종' '출신 국가' '장애' 등을 차별 금지 사유로 분명하게 명시함으로써 어떤 정권이 들어서든 뒤집을 수 없는 평등의 최저선을 세워야 한다.

가족의 정의도 넓혀야 한다. 현행 헌법 제36조는 "혼인과 가족생활은 개인의 존엄과 양성의 평등을 기초로 성립되고 유지되어야 한다"라고 규정한다. 여기서 '양성'이라는 단어는 이성(남녀) 간의 결합만을 정상 가족의 전제로 상정하는 낡은 틀이다. 2026년의 가족은 이미 그 틀을 벗어났다. 비혼 동거 커플, 한부모 가정, 조부모가 손자녀를 키우는 가정, 동성 커플이 함께 아이를 양육하는 가정 등 현실에서는 서로를 부양하는 '가족'으로 살아가지만, 헌법이 그은 선 밖으로 밀려나 법의 보호를 제대로 빋지 못하는 이들이 직지 않다. 사랑하고 서로를 돌보는 모든 관계가 국가의 보호를 받을 수 있도록 '양성'이라는 단어를 '모든 사람의 존엄과 평등'으로 바꾸어 가족의 정의를 현대화해야 한다.

나아가 박해를 피해 우리 사회를 찾은 이들을 보호할 망명권(난민보호청구권)*을 신설하는 것 역시, 국제사회의 일원으로서 대한민국이 마땅히 갖춰야 할 헌법적 책무다. 대한민국은 1992년 난민협약에 가입했고 2012년 아시아 최초로 독립적인 난민법까지 제정했지만, 난민 인정률은 여전히 1~2%대라는 부끄러운 수준에 머물러 있다. 난민 보호가 헌법적 권리로 명시되지 않는 한, 소수자를 향한 포용 정책은 정치적 이해득실과 정권의 재량에 따라 언제든 후퇴할 수 있다. 헌법은 '국민Citizen'만을 위한 배타적 울타리가 아니라, 이 땅에 발딛고 숨 쉬며 살아가는 모든 '사람Human'의 존엄을 지키는 견고한 방패여야 한다.

노동권: '근로자'에서 '일하는 사람'으로

현행 헌법 제32조와 제33조는 근로의 권리, 최저임금, 근로조건의 기준, 노동3권(단결권·단체교섭권·단체행동권)*을 보장한다. 이 조항들이 만들어진 1987년 당시 '일하는 사람'의 전형적 이미지는 공장이나 사무실에서 사용자와 근로계약서를 쓰고 일하는 임금 노동자였다.

하지만 2026년의 노동 현실은 근본적으로 달라졌다. 오늘날에는 플랫폼을 통해 배달, 운전, 번역, 디자인, 프로그래밍 서비스를 제공하는 이가 수백만 명에 달한다. 이들은 사실상 특정 기업의 지시와 통제 아래에서 일하지만, '근로계약'이 아닌 '서비스 이용약관'이라는 형식의 계약으로 관계를 맺는다. 법적으로 이들은 '개인사업자'다. 그 결과는 냉혹하다. 4대 보험을 제대로 적용받지 못하고, 최저임금에도 못 미치는 임금을 받는 경우가 많으며, 부당해고에 대한 구제도 받지 못한다. 회사가 마음대로 '파트너십을 종료'해도 이의를 제기할 방법이 없다.

법률을 개정함으로써 이 문제를 해결하려는 시도가 없었던 것은 아니다. 2026년 3월 시행된 노조법 2·3조 개정(이른바 '노란봉투법')은 하청 노동자가 실질적 사용자인 원청과 직접 교섭할 수 있는 길을 열고, 파업에 대한 기업의 과도한 손해배상 청구에 제동을 걸었다. 의미 있는 진전이다. 이재명 정부는 여기에 더해 '일하는 사람 권리 기본법' 제정과 근로기준법상 '근로자 추정제' 도입도 추진하고 있다. 그러나 이 모든 입법은 헌법 제33조가 '근로자'라는 틀을 유지하는 한 그 안에서의 확장에 불과하다. 게다가 노란봉투법은 윤석열 정부 시절 두 차례나 대통령 거부권으로 입법이 무산된 전력이 있다. 법률은 정권이 바뀌면 언제든 후퇴할 수 있다는 말이다. 새로운 노동 형태가 등장할 때마다 처음부터 다시 법률 싸움을 벌여야 하는 이 악순환을 끊으려면, 법률이 아닌 헌법 차원에서 해법을 마련해야 한다.

새 헌법은 '근로자'라는 낡은 표현을 '일하는 사람'으로 바꾸고, 형식적 근로계약서 유무를 떠나 실질적 노동의 종속성에 따라 권리를 보장받도록 명시해야 한다. 정규직 임금 노동자만의 전유물처럼 여겨졌던 노동3권 역시 특수고용직, 플랫폼 노동자, 프리랜서들에게도 온전히 적용되어야 한다. 웹툰 작가가 플랫폼과 수익 배분을 협상하고, 배달 라이더가 알고리즘의 투명성을 요구하며, 대리운전 기사가 단체를 결성해 처우를 개선하는 것은 법률이 시혜적으로 허락할 문제가 아니라 헌법이 보장해야 할 기본권이다.

아울러 현행 헌법의 한계를 뛰어넘는 '동일가치노동 동일임금' 원칙을 보편적 권리로 명문화해야 한다. 현행 헌법 제32조 제4항은 여성의 근로에 대한 임금 차별만을 금지하고 있을 뿐, 오늘날 노동 시장의 핵심 모순인 고용 형태(정규직·비정규직)나 원·하청 격차에 따른 불합리한 임금 차별을 막을 근거가 되지 못한다. 이재명 정부가 근로기준법에 이 원칙을 명문화하는 방안을 추진하고 있지만, 법률 수준의 명시는 앞서 이야기했듯 정권의 성향이나 의석수에 따라 언제든 뒤집힐 수 있다. 독일의 임금법제가 독일 기본법이 보장하는 평등 원칙을 근거로 발전한 것처럼, 우리도 이 원칙을 헌법에 적시해 어떤 정권이 들어서든 흔들 수 없는 노동시장의 최고 규범으로 세워야 한다.

나아가 1948년 제헌헌법에 존재했다가 박정희 정권의 개헌으로 사라진 '이익균점권'(기업의 이익을 노동자가 균등하게 분배받을 권리)˙의 부활도 논의되어야 한다. 기업의 매출과 영업이익이 사상 최대를 기록해도 그 성과가 주주 배당과 사내유보금으로만 축적될 뿐, 실제 이익을 창출한 일하는 사람들에게는 정당하게 분배되지 않는 현실은 이 헌법적 권리의 부재와 직결되어 있다.

이익을 공정하게 나누려면 그 이익이 어떻게 형성되고 어디로 흘러가는지 과정을 투명하게 감시하고 결정에 참여할 수 있어야 한다. 이익 분배와 경영 참여는 동전의 양면이다. 노동자는 경영진의 지시를 수동적으로 따르는 부품이 아니라, 기업의 존속과 성장을 책임지는 이해관계자다. 따라서 이익균점권은 필연적으로 노동자가 기업의 핵심 의사결정에 참여할 수 있는 '경영참가권'의 헌법적 보장으로 이어져야 한다.

이런 경영참가권이 현실의 기업 지배구조에서 작동하는 대표 모델이 독일의 '공동결정제Mitbestimmung'다. 독일에서는 종업원 500명 이상인 기업의 감독이사회에서 노동자 대표가 3분의 1의 의석을 차지하며, 2000명 이상인 기업에서는 절반의 의석을 차지한다. 노동자가 경영진 선임, 구조조정, 대규모 투자 등 기업의 명운을 가르는 의사결정에 직접 참여하는 것이다. 이 제도는 단순한 노동권의 확장이 아니라 기업 경영의 투명성을 획기적으로 높이고 주주 자본주의의 단기 수익 좇기를 견제해 장기적 관점의 성장을 촉진하는 경제 민주화의 핵심 기제로 작용해 왔다. 독일 제조업의 막강한 경쟁력은 이 제도적 기반 위에서 유지된다.

물론 한국의 재벌 중심 지배구조와 복잡한 원하청 구조에 독일 모델을 맹목적으로 이식할 수는 없다. 한국 현실에 맞는 구체적 법률 설계가 뒤따라야 한다. 그러나 헌법이 나아가야 할 방향성은 분명하다. 일하는 사람이 정당한 몫을 배분받고 기업의 투명한 감시자로 참여하는, 일터 민주주의가 실현되는 '일하는 사람들의 나라'다.

생명권과 안전권: 세월호에서 이태원까지, 국가의 의무

2014년 4월 16일 세월호가 진도 앞바다에서 가라앉을 때 국가는 없었다. 2022년 10월 29일 이태원의 좁은 골목길에서 159명이 압사당하는 동안 국가는 제때 도착하지 못했다. 2024년 12월 29일에는 탑승객 181명을 태운 제주항공 여객기가 무안공항 활주로를 이탈해 폭발하며 179명이 사망했다.

이 참사 역시 공사비를 아끼기 위해 국제 규정을 무시하고 설치된 콘크리트 구조물을 국가가 방치한 결과였다. 지난 십수 년간 대형 참사가 반복되었지만, 책임 규명과 시스템의 근본적 변화는 요원했다. 국가가 시민의 생명과 안전을 지켜야 할 보호 의무의 헌법적 기준이 불명확하기 때문이다.

현행 헌법 제10조는 "모든 국민은 인간으로서의 존엄과 가치를 가지며, 행복을 추구할 권리를 가진다. 국가는 개인이 가지는 불가침의 기본적 인권을 확인하고 이를 보장할 의무를 진다"라고 규정한다. 이 추상적 조항만으로는 국가가 재난을 예측하고 예방 시스템을 선제적으로 구축해야 할 구체적 의무를 강제하기 어렵다.

새 헌법은 '생명권'과 '안전권'을 독립적 기본권으로 명시해야 한다. 이는 국가가 시민의 생명을 빼앗지 않아야 한다는 소극적 개념을 넘어, 예측 가능한 재난과 위험으로부터 시민을 보호하고 안전한 환경을 구축할 실질적 조치를 취해야 한다는 적극적 의무를 신인하는 일이다.

생명권을 헌법에 명시하는 것이 현실에서 어떤 차이를 만들어 내는지 남아프리카공화국의 판례가 증명한다. 남아공 헌법 제11조는 "모든 사람은 생명에 대한 권리를 가진다"라고 선언한다. 2002년 남아공 헌법재판소는 이를 근거로 정부가 예산 부족을 이유로 HIV/AIDS 감염 산모에게 치료제 배포를 거부한 행위를 위헌으로 판결했다. 국가의 예산이나 정책적 재량이 시민의 생명 보호 의무에 우선할 수 없다는 원칙을 천명한 것이다. 독일 기본법 제2조 역시 "모든 사람은 생명과 신체의 불가침에 관한 권리를 가진다"라고 명시하면서 시민에 대한 국가의 적극적 보호 의무를 도출해 내고 있다.

이와 함께 재난 피해자의 권리도 명시해야 한다. 참사가 발생했을 때 피해자와 유족이 진상을 알 권리, 책임자가 처벌받도록 할 권리, 적절한 배상과 지원을 받을 권리는 매번 새로 싸워서 쟁취해야 할 권리가 아니라 헌법이 보장하는 권리여야 한다.

기후권: 기후위기를 막는 헌법

현행 헌법 제35조는 "모든 국민은 건강하고 쾌적한 환경에서 생활할 권리를 가지며, 국가와 국민은 환경보전을 위하여 노력하여야 한다"라고 규정한다. 이 조항으로도 할 수 있는 것이 있다. 2024년 8월, 헌법재판소는 바로 이 환경권을 근거로 기후 헌법소원에 대해 헌법불합치 결정*을 내렸다.[2]

이 사건은 2020년, 19명의 청소년이 헌법재판소의 문을 두드리면서 시작되었다. 탄소중립기본법이 2030년까지의 감축 목표와 2050년 탄소중립이라는 최종 목표만 정해놓고, 그 사이 2031년부터 2049년까지 19년간의 구체적인 감축 경로는 아무것도 제시하지 않았다는 것이 청구 이유였다. 출발점과 도착점만 있고 길은 없는 셈이었다. 5년의 심리 끝에 헌법재판소는 재판관 전원일치로 이 주장을 받아들였다. 19년간의 빈칸은 기후위기라는 위험 상황에 상응하는 보호 조치로서 최소한의 성격조차 갖추지 못한 것이라고 판단한 것이다. 아시아 국가에서 국가 기후정책의 불충분함을 헌법적으로 인정한 최초의 결정이었다.

그런데 이 결정에는 성과와 동시에 구조적 한계가 선명하게 드러났다. 헌법재판소는 19년간의 감축 경로가 없다는 '절차적 빈칸'에 대해서는 전원일치로 헌법불합치를 선언했지만, 정작 국가의 온실가스 감축 목표치 자체가 충분한지에 대해서는 재판관 9명 중 5명이 위헌 의견을 냈음에도 인용 정족수 6명에 1명이 미달해 결국 기각되었다. 감축 경로를 만들라고 강제할 수는 있지만, 그 경로가 기후위기를 막을 만큼 충분히 가파른지에 대해서는 헌법적 통제를 가하지 못한 것이다.

이는 현행 헌법 제35조의 환경권이 "환경보전을 위하여 노력하여야 한다"라는 선언적 의무에 머물러 있기 때문이다.

헌법이 실질적 대책에 나설 의무를 명확히 강제하지 않는 한, 기후위기라는 실존적 위협 앞에서 국가의 '노력' 부족을 법적으로 문제 삼는 것은 굉장히 어려운 일이다.

따라서 새 헌법에는 '기후권'을 환경권과 구별되는 별도의 조항으로 명시해야 한다. 그 내용은 크게 세 가지다. 첫째, 모든 시민은 안전한 기후 환경에서 살 권리를 가진다. 둘째, 국가는 온실가스를 과학적 근거에 기반해 감축할 구체적 의무를 진다. 셋째, 국가는 기후위기로 인한 재난과 피해로부터 취약 계층을 보호할 의무를 진다.

이 세 가지가 헌법에 명시되면 국가의 기후 대응은 정치적 선택의 문제가 아니라 강제력을 지닌 헌법적 의무로 전환된다. 정권이 바뀌더라도 단기적 경제 논리를 앞세워 기후정책을 임의로 폐기하거나 후퇴시킬 수 없다. 또 정부의 기후정책이 과학적 기준에 미치지 못할 때 시민이 직접 법적인 통제를 요구할 수 있는 근거가 지금의 모호한 의무보다 훨씬 명확해진다.

해외에서는 헌법에 새겨진 기후 조항이 이미 현실을 바꾸고 있다. 2021년 독일 연방헌법재판소는 기본법에 명시된 '미래 세대를 위한 보호 의무'를 근거로, 정부의 온실가스 감축 목표가 미래 세대에게 너무 많은 짐을 떠넘긴다며 위헌 판결을 내렸다. 우리 헌재가 도달하지 못했던 '감축의 가파른 정도'까지 헌법의 이름으로 통제한 것이다. 이 판결 직후 독일 정부는 탄소중립 목표 연도를 2045년으로 앞당겼다.

미국에서도 비슷한 승전보가 울렸다. 2023년 8월, 미국 몬태나주의 청소년 16명은 화석연료 사업 승인 이전의 기후·온실가스 영향평가를 금지하는 주 정부를 상대로 낸 소송에서 승소했다. 이 역사적 재판을 승리로 이끈 무기는 몬태나주 헌법의 "깨끗하고 건강한 환경에 대한 권리" 조문이었다. 헌법 조문 하나가 거대한 화석연료 자본과 국가 권력을 동시에 멈춰 세운 것이다.

물론 저항도 만만치 않다. 프랑스는 2021년 기후와 생물다양성 보호 조항을 헌법 제1조에 추가하려 했지만, 상원에서 이 조항이 경제적 이익보다 환경을 우선하게 만들 것이라며 거부해 무산된 바 있다. 이처럼 헌법에 기후 조항을 넣는 일은 기존 경제체제의 강고한 기득권과 부딪힐 수밖에 없는 지난한 과정이다. 그러나 19명의 청소년이 5년 동안 포기하지 않고 아시아 최초의 헌법불합치 결정을 이끌어 냈듯, 기후권의 명문화는 모두의 생존을 위해 회피할 수 없는 시대적 과제가 되었다.

정보기본권: 디지털 시대의 새로운 자유

2026년을 사는 시민의 삶은 데이터를 만드는 행위의 연속이다. 아침에 일어나 스마트폰을 켜는 순간부터 검색하고, 이동하고, 구매하고, 대화하는 모든 행위가 데이터로 기록된다. 이 데이터는 기업에게 이윤 창출의 재료가 되지만, 정작 그 데이터를 만들어 낸 사람에게는 이를 통제할 권리가 턱없이 부족하다.

현행 헌법 제17조는 "모든 국민은 사생활의 비밀과 자유를 침해받지 아니한다"라고 규정한다. 1987년의 기준으로는 국가의 억압을 막아낼 충분한 조항이었다. 하지만 오늘날의 디지털 감시는 40년 전에는 상상조차 하기 어려웠던 방식으로 이뤄진다. 국가는 CCTV와 통신·금융 데이터를 통해 시민의 일거수일투족을 추적하고, 거대 플랫폼은 개인의 취향, 정치적 성향, 건강 상태, 인간관계까지 알고리즘으로 분석해 이윤을 창출한다.

실제로 2022년 한국의 개인정보보호위원회는 구글과 메타(페이스북)가 이용자의 동의 없이 타사 웹사이트에서의 활동 기록을 불법적으로 수집해 맞춤형 광고에 활용한 사실을 적발하고 1000억 원대의 과징금을 부과했다. 여기서 가장 끔찍한 사실은 수천만 명의 피해자들이 있는 사건인데 정작 아직도 자신이 피해자인지 알지 못하는 사람이 대다수라는 점이다. 내 주머니에 있던 지갑을 도둑맞으면 즉각 알 수 있지만, 내 데이터가 불법적으로 이용되는 것은 피해자가 영원히 모를 만큼 권리 보장이 제대로 되지 있지 않은 것이다. 내가 어떤 뉴스를 읽고 어떤 물건을 검색했는지 플랫폼은 나보다 더 잘 알지만, 정작 나는 내 정보가 어떻게 수집되고 팔려나가는지 모르는 것이다. 이는 정보를 통제할 권리를 철저히 빼앗긴 현실을 상징적으로 보여준다. 이런 시대에서 시민의 권리를 제대로 보장하기 위한 사전 작업으로, 새 헌법은 다음과 같은 권리들을 '정보기본권'으로 명시해야 한다.

먼저 개인정보자기결정권을 명문화해야 한다. 내 정보를 누가 수집하는지, 어떻게 사용하는지, 언제 삭제할 것인지를 스스로 알고 결정할 권리는 21세기의 가장 핵심이 되는 기본권이다. 헌법재판소는 2005년 지문날인 사건에서 이 권리를 "헌법에 열거되지 않은 독자적 기본권"이라고 인정했지만, 헌법 조문 어디에도 '개인정보'라는 난어는 없다. 판례에 기대 여러 조항에서 조금씩 빌려온 권리는 그 보호 범위가 불안정할 수밖에 없으며, 새로운 기술이 등장할 때마다 헌법재판소의 선의를 바라야 하는 수동적 처지에 놓이게 된다.

많은 사람이 당연히 보장된다고 생각하는 알권리 역시 사정은 비슷하다. 국가와 공공기관이 보유한 정보에 대한 국민의 접근권은 헌법재판소가 표현의 자유 조항(헌법 제21조)에서 파생시킨 판례를 통해 인정되어 왔다. 정보공개법이 있지만 헌법에 쓰여 있지 않으니 법률 수준의 권리에 머문다. 정권 입맛에 따라 정보공개의 폭이 고무줄처럼 달라지고, 알권리를 제약하는 법과 시행령의 개악도 언제든 일어날 수 있다. 알권리가 헌법의 언어로 단단하게 명시되지 않는 한, 국가의 투명성을 요구할 시민의 무기는 언제든 무뎌질 수 있다.

우리 삶을 급박하게 통제하기 시작한 인공지능AI에 대한 헌법적 대응도 시급하다. 이미 AI가 채용을 결정하고, 대출 심사를 하며, 복지 수급 자격을 판단하는 시대가 왔다. 이는 먼 미래의 디스토피아가 아니다. 아마존은 2018년 자체 개발한 AI 채용 시스템이 "여성 지원자의 이력서를 체계적으로 감점"하는 치명적 성차별 편향을 보인다는 사실을 뒤늦게 파악하고 시스템을 전면 폐기했다. 국내에서도 카카오모빌리티가 배차 알고리즘을 은밀하게 조작해 자사 가맹 택시에게 '콜 몰아주기'를 한 사실이 공정거래위원회에 적발되기도 했다. 이처럼 알고리즘은 결코 중립적이지 않다. 하지만 시민들은 자신이 왜 탈락했는지, 알고리즘이 어떤 편향된 기준으로 판단했는지 알려달라고 요구할 권리가 없다. 2024년 3월 시행된 개인정보보호법이 자동화된 결정에 대한 '설명 요구권'을 일부 도입하긴 했지만, 이는 정부의 행정 처분을 제외하고, 좁은 의미의 개인정보 처리 과정만 규제하는 등 태생적 한계를 안고 있다.

결국 해답은 헌법이다. 알고리즘 설명권˙이 헌법에 보편적 권리로 명시되어야만 비로소 공공과 민간, 완전 자동화와 반자동화를 가리지 않고 내 삶에 영향을 미치는 데이터 권력에 맞서 이의를 제기할 수 있다. '개인정보자기결정권' '알권리' '알고리즘 설명권'을 정보기본권으로 묶어 새 헌법에 명시해야 하는 이유는 명백하다. 판례와 법률에 기대 위태롭게 유지되는 권리가 아니라, 헌법이 명시적으로 보장하는 최고 규범이 되어야만 어떤 정부나 빅테크 기업 앞에서도 시민의 데이터 주권이 흔들리지 않을 수 있기 때문이다.

사회권: 선언에 머물지 않아야 할 권리

헌법 제34조 제1항은 "모든 국민은 인간다운 생활을 할 권리를 가진다"라고 규정한다. 나아가 헌법은 제31조에서 교육받을 권리를, 제35조에서 쾌적한 주거 생활을 위한 국가의 노력을, 제36조에서 보건에 관한 국가의 보호를 명시하고 있다. 살 곳이 있어야 하고, 아프면 치료받을 수 있어야 하며, 가

난해도 배울 수 있어야 한다는 시민의 기본 생존권이 헌법에 분명하게 적혀 있는 것이다.

하지만 헌법에 명시된 이 권리들은 현실의 벼랑 끝에서는 제대로 작동하지 않는다. 우리 법원이 현행 헌법의 사회권 조항들을 시민이 국가에 직접 이행을 요구할 수 있는 '구체적 권리'가 아니라, 국가의 예산 범위 내에서 형편껏 실현하면 되는 '추상적 선언'(프로그램 규정) 내지는 단순한 '노력 의무'로 좁게 해석하고 있기 때문이다.

현실을 보면 이 법적 공백이 얼마나 치명적인지 드러난다. 전세 사기로 전 재산과 삶의 터전을 잃은 청년에게, 응급실을 찾아 수십 킬로미터를 헤매다 구급차에서 숨을 거두는 지방 주민에게, 사교육비를 감당하지 못해 출발선부터 밀려나는 아이에게 현행 헌법의 사회권 조항은 실질적 도움이 되지 못한다. 시민이 생존의 위협을 받아도 국가는 "예산과 정책의 범위 내에서 최대한 노력했다"라고 항변하면 그만이다. 권리가 추상적일수록 국가의 의무도 추상적이 되고, 국가의 의무가 추상적일수록 그 무능에 책임을 묻기 어려워진다.

따라서 새 헌법은 주거권, 건강권, 교육권 등을 국가의 단순한 '노력 의무'가 아닌, 국가가 반드시 보장해야 하는 시민의 '구체적 기본권'으로 격상시켜야 한다. "국가는 주택개발

정책 등을 통하여 노력하여야 한다"(제35조) 같은 미온적 조문을 넘어, 모든 사람이 안정적 주거를 보장받을 권리를 가지며 국가는 주거 취약 계층을 실질적으로 보호하기 위해 구체적으로 정책을 펼칠 의무를 진다고 명시해야 한다. 건강권 역시 모든 사람이 적절한 의료 서비스를 받을 권리로 규정하고, 지역과 소득에 따른 의료 격차를 해소할 책무를 명문화해야 한다. 교육권은 실질적 기회 균등을 강제할 구체적 의무로 재편되어야 한다.

사회권을 추상적 선언에서 구체적 권리로 전환하는 것이 현실에서 가능한 일인지 의문이 들 수 있다. 남아프리카공화국의 사례를 살펴보자. 남아공 헌법 제26조는 "모든 사람은 적절한 주거에 접근할 권리를 가진다"라고 명시하고, 국가에 "가용 자원의 범위 내에서 이 권리의 점진적 실현을 위한 합리적 조치를 취할 의무"를 부과한다.

2000년, 남아공 헌법재판소는 이 조항을 근거로 정부의 주택정책이 노숙 위기에 처한 최극빈층을 위한 긴급 구호 조치를 누락한 것은 '위헌'이라는 역사적인 판결(Grootboom 판결)을 내렸다. "예산이 부족하다"라는 정부의 평계는 더이상 면책되지 않으며, 국가 정책이 합리적인지 법원이 엄격하게 심사하겠다는 원칙을 세운 것이다. 핀란드 역시 헌법 제19조에서 주거, 건강, 사회보장에 대한 권리를 명시하고, 이를 뒷받침하는 상세한 입법 의무를 국가에 촘촘히 부과하고 있다.

물론 사회권의 구체화는 필연적으로 '예산' 문제에 부딪힐 수밖에 없다. 따라서 모든 권리를 당장 100% 완전하게 실현하라고 강제하는 것은 현실적으로 불가능하다. 남아공 헌법이 "가용 자원의 범위 내에서 점진적 실현"이라는 단서를 달아둔 것도 이 때문이다. 그러나 핵심은 이 단서가 국가의 책임을 덜어주기 위한 것이 아니라는 점이다. 곧 국가가 취약계층을 위해 '정말로 합리적인 조치를 취하고 있는가'를 시민이 헌법의 이름으로 법정에 세워 따져 물을 수 있는 기준점이 되는 것이다. 생존의 벼랑 끝에 몰린 시민의 삶을 지키기 위해 국가의 책임을 헌법에 구체적으로 명시하는 일은 개헌의 가장 시급한 과제다.

망명권(난민보호청구권) 전쟁, 정치적 박해, 종교·인종·성별 등을 이유로 한 탄압을 피해 다른 나라로 떠나온 사람이 그 나라에 보호를 요청할 수 있는 권리다. 1951년 유엔난민협약은 "인종, 종교, 국적, 특정 사회집단의 구성원 신분 또는 정치적 견해를 이유로 박해를 받을 우려가 있는 자"를 난민으로 정의하고, 협약을 체결한 나라들에 이들을 보호할 의무를 부과하고 있다.

많은 나라가 난민 보호를 법률을 넘어선 '헌법적 권리'로 보장하고 있다. 독일 기본법 제16조a는 "정치적으로 박해받는 자는 망명권을 누린다"라고 명시하고 있으며, 프랑스 헌법 역시 전문에서 "자유를 위한 행동으로 인하여 박해받는 모든 사람은 공화국의 영토에서 망명권을 가진다"라고 선언한다. 이들 국가에서 난민 보호는 정부가 베푸는 시혜적 조치가 아니라, 박해받는 개인이 국가에 당당히 요구할 수 있는 기본권이다.

대한민국의 현실은 어떨까. 우리는 1992년 난민협약에 가입했고, 2012년에는 아시아 최초로 독립적인 난민법을 제정했다는 타이틀을 자랑한다. 그러나 실상은 참담하다. 난민 인정률은 수년째 1~2%대에 머물러 있으며, 까다로운 심사 절차와 열악한 처우에 대한 국제사회의 비판이 끊이지 않는다. 이런 모순이 발생하는 근본 이유는 현행 헌법에 난민 보호에 관한 조항이 아예 존재하지 않아서다. 새 헌법에 망명권을 명시하는 것은 난민 보호의 최저 기준이 정권의 정치적 성향이나 공무원의 재량에 좌지우지되지 않도록 가장 견고한 토대를 마련하는 일이다.

노동3권 헌법 제33조가 노동자에게 보장하는 세 가지 핵심 권리를 묶어 '노동3권'이라고 부른다.

단결권: 노동자들이 자신들의 이익을 지키기 위해 노동조합을 만들 수 있는 권리다. 회사가 노조 결성을 방해하거나 노조 가입을 이유로 불이익을 주는 것은 '부당노동행위'에 해당한다.

단체교섭권: 노동조합이 사용자(회사)와 임금, 근무시간, 안전 조건 등을 대등한 위치에서 협상할 수 있는 권리다. 이 권리가 없으면 노동자는 회사가 일방적으로 정한 조건을 받아들이는 수밖에 없다. 사용자가 정당한 이유 없이 교섭을 거부하는 것 역시 부당노동행위다.

단체행동권: 교섭이 결렬됐을 때 파업이나 태업 등의 단체 행동을 할 수 있는 권리다. 단결권과 단체교섭권이

'말할 권리'라면, 단체행동권은 '말이 통하지 않을 때 행동할 권리'다.

한 사람이 "임금을 올려달라"라고 요구하면 해고당할 수 있지만, 1000명이 함께 요구하면 협상 테이블이 열릴 수 있다. 노동3권은 구조적으로 불균형한 노사 관계에서 노동자들이 힘을 합쳐 목소리를 낼 수 있도록 헌법이 보장하는 장치다. 세계인권선언 제23조와 국제노동기구ILO 핵심 협약도 이 세 가지를 노동자의 기본 인권으로 보장하고 있다.

이익균점권 이익균점권이란 기업이 벌어들인 이익을 노동자도 공정하게 나눠 가질 수 있는 권리다. 1948년 제헌헌법 제18조 제2항은 "영리를 목적으로 하는 사기업에 있어서는 근로자는 법률이 정하는 바에 의하여 이익의 분배에 균점할 권리가 있다"라고 명확히 규정했다.

이 조항이 제헌헌법에 들어간 배경에는 해방 직후의 시대정신이 있다. 일제강점 시기 조선의 노동자들은 일본 자본에게 철저히 수탈당했기에 해방 이후 새로운 공화국을 설계하는 과정에서는 '경제적 민주주의 없이 정치적 민주주의는 불완전하다'는 인식이 광범위하게 공유되었다. 제헌헌법을 기초한 유진오는 이 조항에 대해 "근로자도 기업의 이윤 창출에 기여한 만큼 그 성과를 나눌 자격이 있다"라는 취지라고 설명했다. 단순한 시혜적 임금 인상이 아니라 노동자가 기업이 벌어들인 이익을 배분받을 주체임을 선언한 혁명적인 원칙이었다.

그러나 이 권리는 제헌헌법에 명시되었음에도 이를 구체화하는 하위 법률이 단 한 번도 제정되지 않았다. "법률이 정하는 바에 의하여"라는 단서 조항 때문에 기득권을 가진 국회가 법률을 만들지 않자 권리 자체가 작동하지 않는 사문화된 조항으로 방치된 것이다.

결국 이 권리는 1962년 5·16쿠데타 이후의 헌법 개정 과정에서 경제성장을 최우선으로 내세운 박정희 정권에 의해 흔적도 없이 삭제되었다. 이후 60년 넘게 단 한 번도 헌법에서 부활하지 못했다. 그러나 사상 최대의 영업이익을 내고도 그 성과가 주주와 자본에만 독점되는 오늘날의 극단적 불평등은 78년 전 제헌헌법이 꿈꿨던 '이익균점권'이 결코 낡은 유물이 아니라 2026년 지금 이 시대에 가장 절실하게 복원해야 할 헌법적 과제임을 보여준다.

헌법불합치 결정 헌법재판소가 어떤 법률이 헌법에 어긋난다고 판단할 때 곧바로 그 법률을 무효로 만드는 것이 '위헌 결정'이다. 그런데 위헌이라는 이유로 법률을 즉시 무효로 만들면 법적 공백이 발생해 더 큰 혼란이 생기는 경우가 있다. 이때 헌법재판소가 내리는 보완적 결정이 '헌법불합치'다. "이 법률은 헌법에 맞지 않지만 당장 효력을 없애면 부작용이 크니, 국회가 정해진 기한 안에 법을 고쳐라"라고 명령하는 것이다. 헌법불합치 결정은 이 유예 기간 동안 해당 법률을 어떻게 볼 것인가에 따라 두 가지로 나뉜다.

하나는 '적용 중지'다. 헌재 결정 즉시 국가기관과 법원이 해당 법률의 적용을 전면 중단하는 것이다. 다른 하나는 '계속 적용'이다. 기존 법률의 작동을 당장 멈추면 국민 보호의 수준이 떨어지거나 심각한 혼란이 예상될 때 국회가 법을 새로 고칠 때까지 위헌적 법률이더라도 예외적으로 계속 적용하도록 허락하는 것이다. 다만 두 경우 모두, 헌재가 정한 기한이 지날 때까지 국회가 법을 개정하지 않으면 해당 법률은 그 즉시 효력을 상실한다.

알고리즘 설명권 알고리즘 설명권이란 인공지능AI이 자동으로 내린 결정이 내 삶에 중대한 영향을 미칠 때 그 결정이 어떤 기준과 과정으로 진행되었는지 투명하게 설명을 요구하고, 납득할 수 없을 경우 이의를 제기하거나 거부할 수 있는 권리다.

사람이 어떤 결정을 내리면 적어도 그 이유를 물을 수 있다. 내가 왜 입사시험에서 탈락했는지, 왜 대출이 거절되었는지 묻고 따질 수 있는 것이다. 곧 상대가 대답을 피할 수는 있어도 질문 자체가 불가능하지는 않다.

그런데 알고리즘이 결정을 내리면 이유를 물을 상대가 감쪽같이 사라진다. 수많은 데이터를 집어삼킨 AI가 어떤 가중치를 두고 결과를 도출했는지에 대해 당사자는 물론 그 시스템을 설계하고 도입한 기업이나 국가조차 정확히 설명하지 못한다. 이를 AI의 '블랙박스' 문제라고 부른다. 더 두려운 것은 거대 플랫폼이나 행정 권력이 이 블랙박스 뒤에 숨어 "인공지능이 계산한 결과라 우리도 어쩔 수 없다"라며 책임을 기계에 떠넘긴다는 사실이다.

설명이 없으면 이의 제기도, 잘못된 결과를 바로잡는 것도 불가능하다. 내가 왜 불이익을 받았는지 모르는데 어떻게 국가와 기업을 향해 항변하겠는가. 알고리즘 설명권은 바로 이 사라진 '질문할 권리'를 되찾고, 부당한 자동화 결정에 복종하지 않을 권리를 확보하는 것이다. 이는 기계의 맹목적 판단으로부터 인간의 존엄과 주체성을 지키는 21세기형 권리라 할 수 있다.

국회:
민의의 전당을 다시 설계하다

대표성의 위기

국회는 국민을 대표한다. 헌법 제41조는 그렇게 규정하고 있다. 하지만 현실의 국회는 과연 국민을 제대로 대표하고 있을까?

2024년 열린 제22대 국회의원 선거 결과를 들여다보자. 더불어민주당은 지역구에서 50.5%를 득표해 254석 중 161석(63%)을 가져갔다. 국민의힘은 45.1%를 얻어 90석(35%)을 가져가는 데 그쳤다. 득표율 격차는 5.4%포인트에 불과한데 의석 격차는 무려 71석이다.

민주주의의 핵심 원칙은 '표의 등가성'이다. 내가 던진 한

표와 당신이 던진 한 표는 동등한 무게를 가져야 한다. 그러나 이 원칙은 선거 때마다 조용히 무너진다. 소수 정당 후보와 무소속 후보의 지역구 득표율을 합하면 4.4%, 약 127만 표에 달했지만, 이들의 의석은 3석에 그쳤다. 90석을 가져간 국민의힘 득표의 10분의 1에 해당하는 득표였는데도 의석으로는 그 30분의 1밖에 가져가지 못한 것이다.

비례대표제는 이 왜곡을 보완하기 위해 설계되었지만, 현실에서는 또다른 장벽이 기다리고 있었다. 22대 총선에서 3% 봉쇄조항을 넘지 못한 군소 정당들이 받은 비례 득표를 합산하면 약 248만 표에 달한다. 이 표들은 지지한 정당이 문턱을 넘지 못했다는 이유만으로 의석에 전혀 반영되지 않았다. 헌법재판소가 해당 조항에 위헌 결정을 내리면서 "소수정당의 의회 진입에 이중적 장벽으로 작용한다"라고 지적한 것은 이 현실을 정면으로 확인한 것이다.

대표성의 위기는 성별에서도 뚜렷하게 나타난다. 2026년 3월 기준으로 22대 국회에서 여성 의원은 296명 중 63명으로, 21%다. 국제의원연맹IPU 기준 OECD 평균 33.8%에 크게 못 미친다. 그런데 더 주목할 수치가 있다. 같은 국회에서 법조인 출신 의원은 60명, 전체의 20%로 역대 최다를 기록했다. 여성은 인구의 절반인데 국회의원 중에서는 5명 중 1명뿐이고, 한국 사회의 법률가를 다 합쳐봐야 5만 명에 불과한데, 역시 국회의원 5명 중 1명의 비중을 차지한다. 어떤 경험이 국회 안에 있느냐가 어떤 법이 만들어지느냐를 결정한다는 점에서 이 수치는 단순한 통계가 아니다.

산업재해에 시달리는 배달 라이더, 주거 빈곤에 내몰린 청년 1인 가구, 장애인 이동권과 같은 의제들이 번번이 뒷전으로 밀리는 건 결코 우연이 아니다. 배달 실적 압박에 시달리며 스쿠터를 몰아본 적 없는 사람이, 월세 걱정을 해본 적 없는 사람이, 휠체어를 타본 적 없는 사람이 그 문제를 입법의 우선순위로 올릴 가능성은 낮다. 당사자가 없는 자리에서는 당사자의 문제가 잘 보이지 않는다. 누가 국회 안에 앉아 있느냐가 어떤 법이 만들어지느냐를 결정한다.

이 문제는 정치인 개개인의 의지나 노력으로는 해결되지 않는다. 소선거구 단순다수제˙는 득표율 격차보다 훨씬 큰 의석 격차를 만들어내며 거대 양당을 구조적으로 유리하게 만든다. 봉쇄조항˙은 그나마 소수 정당에게 열려 있던 비례대표의 문을 가로막아 왔다. 정당의 공천 과정과 정치 문화는 특정 학력과 직업, 계층 출신에게 유리하게 설계되었다. 표가 의석으로, 의석이 입법으로 이어지는 모든 단계에서 다양성은 점차 사라질 수밖에 없다.

선거제도: 비례성과 다원성을 보장하는 정치

새 헌법이 선거제도의 복잡한 수식을 모두 규정할 필요는 없다. 하지만 선거제도가 반드시 지켜야 할 철학은 명시해야 한다. 2026년 1월, 헌법재판소는 정당 득표율 3%를 넘지 못한 정당에게 의석을 한 석도 주지 않는 '봉쇄조항'에 대해 위헌 결정을 내렸다. 헌재의 핵심 논리는 '이중 장벽'이었다. 소선거구 단순다수제가 이미 소수 정당에게 불리하게 작동하는 상황에서, 봉쇄조항이 그나마 열려 있던 비례대표의 문마저 차단해 소수 정당의 원내 진입을 이중으로 가로막는다는 것이다. 헌재는 이것이 투표 가치를 왜곡하고 평등선거 원칙을 침해한다고 판단했다.[3]

이 결정은 중요한 과제를 던진다. 단순히 봉쇄조항을 없애는 것을 넘어, 승자독식 구조 자체를 헌법 정신으로 깨뜨려야 한다. 이를 위해 새 헌법은 비례성과 다원성이라는 두 가지 기둥을 세워야 한다.

먼저 '비례성의 원칙'을 헌법에 명시해야 한다. 비례성의 원칙이란 정당이 얻은 득표율만큼 의석수를 가져가야 한다는 상식적인 약속이다. 현행 소선거구제 아래에서는 50%를 득표한 정당이 전체 의석의 60~70%를 가져가는 '표의 도둑질'이 합법적으로 일어난다. 반대로 지역구 1등을 배출하지 못

한 소수 정당의 표는 모두 사표死票가 되어 휴지통으로 들어
간다.

구체적인 선거 방식은 법률로 정하더라도 헌법에 "선거제
도는 정당 득표율이 의석에 실질적으로 반영되도록 설계되
어야 한다"라는 원칙을 명시해야 한다. 완전한 수치적 비례를
헌법이 강제하는 것이 아니라, 비례성을 입법의 목표로 못 박
는 것이다. 이 원칙이 헌법에 들어오면 달라지는 것이 있다.
지금까지 거대 양당은 준연동형 비례제처럼 비례성을 강화하
는 선거제도가 도입될 때마다 비례 의석을 독식하기 위한 '위
성정당'을 창당해 취지를 무력화했다. 비례성 원칙이 헌법에
명시된다면 이런 행위를 막는 법률을 만들 때 헌법적 근거가
생긴다. 위성정당 방지 규정을 도입하는 과정에서 "이게 왜
합헌이냐"라는 반박을 헌법으로 막을 수 있는 것이다.

둘째로 '다원성의 원칙'을 통해 다양한 목소리에 마이크
를 쥐어줘야 한다. 우리 사회에는 여성, 노동자, 장애인, 청년
등 다양한 시민의 목소리를 반영하는 정당들이 존재한다. 하
지만 높은 진입 장벽과 승자독식 시스템은 이들을 국회 밖으
로 밀어냈다. 이들이 대표하는 기후위기, 플랫폼 노동, 장애인
이동권과 같은 의제는 거대 양당의 선거 공약에 간헐적으로
등장하다 선거가 끝나면 뒷순위로 밀려나기 일쑤였다.

새 헌법은 '정당 설립의 자유와 복수정당제 보장'을 넘어, '정치적 다원성'을 국가의 의무로 규정해야 한다. 다만 이 의무가 공허한 선언에 그치지 않으려면 내용이 어느 정도 구체적이어야 한다. 예컨대 "국가는 다양한 정치적 의사가 의회에 반영될 수 있도록 선거제도와 정당제도를 만들 의무를 진다"라는 식이다. 독일은 헌법에서 정당이 민주적으로 운영되어야 한다는 의무를 명시함으로써 막연한 선언이 아니라 실제로 지킬 수 있는 규정을 만들었다. 우리도 그렇게 해야 한다. 좋은 말만 늘어놓는 헌법이 아니라, 국회가 선거제도를 후퇴시킬 때 헌법을 근거로 제동을 걸 수 있는 헌법이 필요하다.

다원성이 보장된 의회에서는 거대 양당이 외면하던 의제가 공식 입법 의제로 올라오고, 협상과 연합의 정치가 자리를 잡는다. 한 정당이 단독으로 의회를 지배하기 어려워질수록 정치는 덜 극단적이고 더 타협적이 된다. 그것이 비례성과 다원성이 헌법에 담겨야 하는 이유다.

재정 통제: 예산은 '법률'이어야 한다

국회의 가장 강력한 무기는 돈줄을 쥐고 휘두르는 것이다. 세금을 어디에 쓸지 결정하는 권한, 곧 예산권은 의회 민주주의의 출발점이다. 하지만 현행 헌법에서 이 무기는 절반만 작동한다. 왜 그럴까?

현재 예산은 '법률'이 아니다. 법률은 국회의원이라면 누구나 발의할 수 있고, 국회가 내용을 자유롭게 고칠 수 있으며, 이를 위반하면 법적으로 처벌받는다. 하지만 예산은 다르다. 오직 정부만이 예산안을 만들어 국회에 낼 수 있고, 국회는 정부 동의 없이 새 지출 항목을 추가하거나 금액을 늘릴 수 없다. 국회가 예산을 통과시켜도 그것은 '법률'이 아니므로, 행정부가 내부 지침을 통해 예산을 당초 목적과 다른 곳에 사용해도 법률 위반이 아니라 행정 내부의 절차 문제에 그치고 만다.

이 구조가 만들어 내는 가장 기묘한 모순이 있다. 국회가 법을 만들어도 행정부가 예산을 배정하지 않으면 그 법은 시행될 수 없다는 것이다. 장애인 이동권이 대표적이다. 저상버스 의무 도입, 지하철 엘리베이터 설치 등을 규정한 법률은 이미 존재한다. 하지만 수십 년이 지나도록 전국 버스 노선 상당수에 저상버스가 없고, 엘리베이터가 없는 지하철역이 꽤 존재한다. 법이 없어서가 아니다. 예산이 충분히 뒷받침되지 않아서다. 예산은 법률이 아니기에 행정부가 "올해는 예산이 부족하다"라고 판단하면 법이 정한 의무는 뒤로 밀린다. 반대의 문제도 있다. 명확한 법적 근거 없이 행정부가 막대한 예산을 특정 사업에 쏟아붓는 일이다. 어느 쪽이든 국회가 통제할 수단이 없다.

해법은 예산을 법률로 만드는 것, 곧 '예산법률주의'다. 개념 자체는 간단하다. 세금을 어디에, 어떤 조건으로, 어떤 목적에만 쓸 수 있는지를 국회가 법률로 정하는 것이다. "이 예산은 이 목적에만, 이 조건 아래에서만 쓸 수 있다"라고 법으로 규정하면 행정부는 그 틀을 벗어나는 순간 법을 어기는 것이 된다. 장애인 이동권처럼 법이 정한 의무에 예산을 배정하지 않는 것도, 근거 없이 예산을 다른 용도로 쓰는 것도 모두 법률 위반이 되는 것이다.

예산이 법률이 되면 무엇이 달라질까? 가장 먼저 달라지는 것은 국회의 역할이다. 지금은 정부가 완성한 예산안을 받아 깎거나 조정하는 소극적 역할에 머물러 있지만, 예산법률주의 아래에서는 국회가 지출의 목적과 조건을 법률로 직접 규정할 수 있다. 예산을 단순히 승인하는 데서 그치지 않고, 설계하는 단계부터 참여하게 되는 것이다.

통제의 범위도 넓어진다. 일반 예산 바깥에서 운용되는 수십 개의 기금도 같은 원칙 아래 놓이게 된다. 국민연금기금, 고용보험기금, 주택도시기금 같은 기금들은 지금도 국회의 승인을 받긴 하지만 구속력이 약하다. 예산법률주의가 기금에도 적용되면 기금이 설계 목적과 다른 용도로 쓰이는 것을 법으로 막을 수 있다.

미국과 독일이 이미 이 방식을 채택하고 있다. 미국은 의회가 매년 예산 항목별로 집행 조건과 한도를 법률로 정하며, 대통령이 의회가 승인한 예산의 집행을 막거나 늦추면 법 위반이 된다. 독일 역시 연방의회가 예산을 법률로 확정하고, 집행기관이 이를 어기면 독립 감사기관이 위법 여부를 직접 따진다.

새 헌법은 예산법률주의를 명시해야 한다. 국민의 세금이 권력기관의 쌈짓돈이 아니라, 국민이 뽑은 국회의 실질적 통제 아래 놓이도록 하기 위해서다.

소선거구 단순다수제와 사표 현재 우리나라의 지역구 국회의원 선거 방식이다. 하나의 선거구에서 가장 많은 표를 얻은 후보 1명만 당선된다. 나머지 후보에게 투표한 표는 의석에 전혀 반영되지 않는다. 이렇게 의석 배분에 반영되지 못하고 버려지는 표를 사표死票, 곧 '죽은 표'라고 부른다.

예를 들어, 어떤 선거구에서 A후보가 40%, B후보가 35%, C

후보가 25%를 득표했다면, A후보만 당선되고 B·C 후보에게 투표한 유권자 60%의 의사는 선거 결과에 반영되지 않는다. 이 때문에 거대 정당에 유리하고 소수 정당에 불리한 구조가 만들어진다. 유권자 입장에서는 "어차피 안 되는 후보에게 표를 낭비하느니 차선을 찍겠다"라는 전략적 투표가 반복되고, 이것이 다시 소수 정당의 성장을 가로막는 악순환을 낳는다.

봉쇄조항(저지조항) 비례대표 의석을 나눌 때 일정 비율(이를테면 전체 득표율의 3%) 이상을 얻지 못한 정당에게는 의석을 한 석도 주지 않는 규정이다. 원래 극단적 군소 정당의 난립을 막기 위해 도입되었지만, 소수 정당의 국회 진입을 차단하는 효과가 있어 논란이 되어 왔다.

2026년 1월, 헌법재판소는 이 봉쇄조항에 대해 위헌 결정을 내렸다. 지지율이 낮다는 이유만으로 의식 배분에서 완전히 배제하는 것은 유권자의 표의 가치를 왜곡하고 평등선거 원칙을 침해한다는 것이다. 이로써 향후 선거에서는 1~2%대 득표율을 기록하는 소수 정당도 비례 의석을 배분받을 수 있는 길이 열렸다. 다만 구체적인 대안 기준을 마련하는 후속 입법은 아직 국회의 몫으로 남아 있다.

정부:
'제왕'을 시민의 심부름꾼으로

5년 단임제가 만든 구조적 문제들

87년 헌법이 대통령 임기를 5년 단임으로 정한 것은 분명한 시대적 이유가 있었다. 이승만과 박정희로 이어진 장기 독재의 트라우마를 끊어내고, 건국 이래 단 한 번도 제대로 실현되지 못했던 '최고 권력자의 평화적 퇴진'을 제도적으로 강제하기 위해서였다. 5년 단임제는 그 역사적 소명을 다했다. 하지만 38년이 지난 지금, 5년 단임제는 다른 종류의 구조적 문제를 낳고 있다.

민주주의에서 권력자에 대한 가장 강력한 견제 장치는 '다음 선거'다. 재선을 원하는 정치인은 임기 내내 유권자의 평가를 의식할 수밖에 없다. 물론 재선 외에도 탄핵이나 국정감사 같은 견제 장치가 존재하지만, 이것들은 권력자가 명백히 선을 넘었을 때 작동하는 사후적 수단이다. 일상적 국정운영에서 권력자를 유권자 쪽으로 잡아당기는 힘, 그 긴장감을 만들어 내는 것은 결국 '다음 선거'다.

그런데 5년 단임제 대통령은 당선증을 받는 순간 이미 마지막 선거를 치른 사람이 된다. 임기 초반에는 선거 때 약속한 의제보다 개인적 신념이나 측근들의 이해관계에 따라 국정을 주도하기 쉽고, 임기 후반에는 여론이 어떻든 이미 국정동력이 소진되는 레임덕*이 시작된다. 6공화국 출범 이후 역대 대통령들이 예외 없이 임기 말 지지율 추락과 측근 비리의혹에 시달린 것은 개인의 도덕성 문제이기 이전에 책임을 지도록 하는 구조적 유인이 없는 제도가 만들어 낸 반복적 패턴에 가깝다.

책임의 부재는 곧 멀리 보는 정치를 불가능하게 만든다. 연금 개혁, 교육 개혁, 기후 대응처럼 긴 시간이 필요한 국가적 과제들이 5년 단위로 끊기고, 다음 정부가 이를 뒤집는 악순환이 반복된다. 에너지 정책이 단적인 예다. 문재인 정부는 탈원전과 재생에너지 전환을 추진했고, 윤석열 정부는 이를 뒤집어 원전 중심으로 방향을 틀었다. 물론 정권이 바뀌면 정책이 달라지는 것은 민주주의 체제에서 자연스러운 일이다. 문제는 기후위기 대응처럼 수십 년의 일관된 투자와 규제가 필요한 과제가 5년마다 바뀌는 정부의 철학에 따라 방향이 뒤집힌다는 데 있다. 이런 정책 변화가 잇따르면 이에 대응해야 하는 민간에서도 장기 계획을 세우는 게 무의미해지고, 막대한 사회적 비용이 지출된다.

여기에 더해 5년 단임제는 여당 안의 정치 구조마저 뒤틀어 놓는다. 재선이라는 제도적 구심점이 없는 대통령에게 당내의 유력한 차기 주자는 정치의 동반자가 아니라, 지금의 권력을 흐트러뜨리는 위협으로 다가온다. 강력한 2인자가 부상할수록 대통령의 국정 장악력은 흔들리기 때문이다. 이를 막으려 대통령이 대권주자를 억압하고 당에 대한 지배력을 무리하게 유지하려 드는 일이 반복된다. 박근혜가 여당 원내대표였던 유승민을 압박해 사퇴시킨 일이나, 윤석열이 한동훈 대표와 공개적으로 충돌한 사건이 대표적이다. 대통령의 임기가 지나갈수록 민생이나 정책이 아니라 레임덕을 막는 데 에너지를 집중하게 되고, 차기 대선 구도가 국정의 에너지를 집어삼킨다.

4년 중임제와 결선투표제

제왕적 대통령제의 폐해를 극복하기 위한 대안으로 가장 강력하게 논의되는 것이 '4년 중임제'다. 핵심은 '책임'이다. 대통령이 재선을 원한다면 5년 단임제처럼 임기 말에 무책임해지는 대신, 임기 내내 국민의 평가를 의식하며 정책을 집행해야 한다. 국정을 잘 이끈 대통령은 4년의 시간을 더 얻어 정책을 완수하지만, 그러지 못한 대통령은 선거를 통해 가차없이 심판받게 된다.

또한 대통령의 4년 임기는 국회의원 임기와 일치하므로, 선거 주기를 맞출 수 있다. 대선과 총선이 같은 날 치러지면 유권자가 행정부와 입법부를 세트로 구성할 수 있어 여소야대로 인한 국정 마비를 피할 수 있다. 반대로 대선 2년 뒤에 총선을 치르도록 주기를 엇갈리게 설계하면, 총선이 대통령의 국정 운영을 엄중하게 심판하는 '중간 평가'로 기능해 권력의 폭주를 제어할 수 있다.

"4년 중임제로 바꾸면 최대 8년이라 너무 길게 집권하는 것 아니냐"라는 우려도 있다. 그러나 세계 주요 민주주의 국가들은 이미 대부분 4~5년 중임 구조를 채택하면서 체제를 안정적으로 유지하고 있다. 장기 집권의 위험을 막는 것은 단임제라는 기계적인 족쇄가 아니라 권력을 실질적으로 분산하는 분권형 제도, 강화된 의회의 통제, 독립된 사법부 그리고 깨어 있는 시민사회의 몫이다. 오히려 5년 단임제는 장기 집권을 막는다는 명분 아래 '선거로 심판받지 않는 무책임한 권력'을 허용하는 값비싼 대가를 우리에게 안겨주었다. 4년 중임제를 도입해 대통령이 더 오래 권력을 행사하게 된다면, 반드시 그 권력의 민주적 정당성도 함께 강화되어야 한다. 이를 위해 짝을 이뤄야 하는 제도가 바로 '결선투표제'다.

현행 단순다수 승자독식 방식에서는 후보가 여럿일 경우 20~30%대의 득표율로도 대통령이 될 수 있다. 실제로 1987년 직선제가 부활한 첫 대통령 선거에서 노태우 후보는 불과 36.6%를 얻어 당선됐다. 국민 10명 중 6명 이상이 투표하지 않았던 후보가 국가의 최고 권력을 쥔 것이다. 이 '소수파 대통령'의 문제는 언제든 다시 재현될 수 있다.

결선투표제는 1차 투표에서 과반 득표자가 없으면 상위 두 후보로 결선을 치르는 방식이다. 이 제도는 최종 당선자가 반드시 유효투표의 과반수를 얻도록 보장함으로써 대통령은 국민 다수의 지지를 받은 사람이어야 한다는 민주적 원칙을 제도적으로 구현한다. 프랑스, 포르투갈, 브라질, 아르헨티나, 칠레 등 여러 국가가 결선투표제를 채택하고 있는 것도 이 때문이다.

결선투표제의 진정한 가치는 '연합 정치'를 제도적으로 촉진한다는 데 있다. 1차 투표에서 과반을 얻지 못한 상위 두 후보는 결선에서 이기기 위해 탈락한 3, 4위 후보의 지지층을 끌어와야만 한다. 이 과정에서 필연적으로 정책적 양보와 연대가 이뤄진다. 2022년 프랑스 대선에서 중도 우파 성향의 마크롱이 좌파 후보 멜랑숑의 지지층을 흡수하기 위해 연금 개혁의 속도 조절과 생태 전환 정책의 강화를 약속한 것이 대표적이다.

유권자는 1차 투표에서 사표 걱정 없이 소신껏 자신의 지지 후보에게 표를 던질 수 있고, 군소 정당은 결선 단계에서 몸값을 높여 자신들의 정책을 국정에 반영할 수 있다. 한 표라도 더 얻으면 모든 것을 독식하는 단판 승부에서는 성립하기 어려운 '정치적 타협'이 제도를 통해 자연스럽게 유도되는 것이다.

대통령의 권한을 분산하라

대통령이 행사할 수 있는 권한의 크기와 구조 역시 근본적으로 바뀌어야 한다. 임기 제도를 아무리 손봐도 임기 동안 대통령이 제한 없이 휘두를 수 있는 칼자루가 그대로라면 반쪽짜리 개혁에 불과하다.

무엇보다 12·3 사태로 치명적 맹점이 드러난 계엄 선포 요건과 해제 절차를 엄격하게 강화해야 한다. 현행 헌법 제77 조는 "전시·사변 또는 이에 준하는 국가비상사태"에 계엄을 선포할 수 있다고 규정하지만, 이 "준하는 비상사태"라는 모호한 표현이 위헌적 계엄의 명분으로 악용되었다. 새 헌법은 계엄 선포 요건을 명확한 '전시·사변'으로 한정해야 한다.

핵심은 국회의 통제력이다. 12월 3일 밤, 국회가 만장일치로 해제를 의결했는데도 대통령이 3시간 30분을 버티며 국가가 마비되었던 공백이 다시는 반복되어서는 안 된다. 현행 헌법의 "대통령은 이를 해제하여야 한다"라는 단순한 '의무 부과' 조항만으로는 권력의 폭주를 막을 수 없다. 국회가 계엄 해제를 의결하는 즉시, 대통령의 추인이나 국무회의 절차 없이 '자동으로 계엄의 법적 효력이 상실'되는 강제적 메커니즘이 헌법에 명시되어야 한다. 긴급명령권과 긴급재정경제명령권 역시 발동 즉시 국회에 보고하고, 국회가 일정 기간 내에 승인하지 않으면 즉각 효력을 잃도록 통제 요건을 동일하게 정비해야 한다.

입법부를 무력화한 대통령의 법률안 거부권(재의요구권)도 제한해야 한다. 윤석열 정부 재임 기간 중 행사된 거부권은 25건으로 민주화 이후 최다 기록이다. 민생 법안부터 권력형 비리를 수사하는 특검법까지, 거부권이 권력의 사유화된 도구로 전락했다. 이제 동일 회기 내 거부권 행사 횟수를 명시적으로 제한하거나, 거부권이 행사된 법률을 국회가 재의결할 때 필요한 정족수를 현행 '3분의 2'에서 '5분의 3' 또는 '과반'으로 낮추는 방안을 도입해야 한다. 국민의 대표가 통과시킨 법을 대통령 한 사람이 자의적으로 무효화하는 비대칭적 권력 구조를 바로잡기 위해서다.

사법부의 판단을 뒤집는 사면권의 통제도 필수적이다. 현행 사면제도는 특정 범죄 집단 전체를 구제하는 '일반사면'의 경우 국회 동의를 거치도록 했으나, 특정 개인의 형을 면제하는 '특별사면'은 국회의 동의 없이 대통령 단독으로 결정할 수 있다. 그 결과 역대 대통령들은 재임 중이나 퇴임 직전에 측근 인사나 재벌 총수를 '국민 통합'과 '경제 살리기'라는 명분으로 무분별하게 사면해 왔다. 사법부가 수년에 걸쳐 확정한 유죄 판결이 대통령의 서명 하나로 휴짓조각이 되는 것은 법치주의의 근간을 무너뜨리는 것이다. 내란, 국가반란, 중대 부패 범죄에 대한 사면을 헌법으로 원천 금지하고, 특별사면의 경우 역시 반드시 국회의 동의를 거치도록 통제 장치를 마련해야 한다.

인사권의 분산 또한 시급한 과제다. 방송미디어통신위원

회나 국가인권위원회처럼 민주주의의 다원성을 지탱하는 데 핵심 역할을 하는 기관은 대통령이 직접 임명하는 구조에서 벗어나야 한다. 이들을 법률상의 기구가 아닌 '헌법기관'으로 격상시키고, 국회와 시민사회가 구성에 참여하도록 헌법에 명시해야 권력의 장악 시도를 차단할 수 있다.

마지막으로 필요한 작업은 권력기관의 뼈대를 바꾸는 일이다. 현재 이재명 정부는 기소권과 수사권을 독점한 검찰청을 '공소청'과 '중대범죄수사청'으로 분리하는 개혁을 추진 중이다. 그러나 이 개혁은 헌법의 벽에 부딪혀 있다. 현행 헌법 제89조 제16호가 국무회의 심의 사항으로 '검찰총장 임명'을 명시하고 있기 때문이다. 수사·기소 분리라는 제도 개혁이 '검찰총장'이라는 단 네 글자에 막히게 되어, 공소청의 수장 이름을 검찰총장으로 유지해야 하는 기이한 모순을 만들어 냈다. 새 헌법은 수사와 기소 기관을 분리해 명시하고, 수장 임명에 독립적 추천위원회를 제도화하는 조항을 마련해 권력기관 개혁에 마침표를 찍어야 한다.

권력 분산의 또다른 경로, 분권형 대통령제

대통령제를 유지하면서도 제왕적 권력을 구조적으로 해체하는 또다른 방법으로, 국무총리의 선출 방식과 역할을 근본적으로 바꾸는 '분권형 대통령제'를 검토할 수 있다.

현행 헌법에서 국무총리는 대통령이 지명하고 국회의 동의를 받아 임명된다. 따라서 국무총리는 대통령의 뜻에 반하는 순간 언제든 경질될 수 있다. 사실상 총리는 대통령의 보좌관이나 방패막이에 지나지 않는다. 역대 총리들이 독자적인 국정 의제를 갖지 못한 채 대통령의 그늘 아래 존재했던 것은 개인의 역량이나 의지의 문제가 아니라 이런 제도적 제약이 낳은 문제에 가깝다.

만약 헌법을 고쳐 국무총리를 '국회 다수 세력'이 추천(또는 선출)하게 하고, 국회가 내각에 대한 불신임권을 갖게 된다면 권력의 구도는 완전히 달라진다. 국무총리는 대통령이 아닌 국회의 신임을 기반으로 내정(경제, 복지, 교육, 노동 등 국민의 일상과 직결된 정책)을 책임지고, 국민이 직접 뽑은 대통령은 외교, 국방, 안보 등에서 기본 방향을 이끄는 이원적 권력 구조가 만들어지는 것이다.

이 구상의 가장 대표 모델은 프랑스의 '이원집정부제'다. 프랑스에서는 대통령이 국민 직선으로 선출되지만, 실질적으로 내정을 담당하는 총리는 하원(국민의회) 다수파의 지지를 받는 인물이 임명된다. 대통령과 하원 다수당의 당적이 같으면 대통령이 강력한 주도권을 갖지만, 하원 선거 결과 야당이

다수가 되면 대통령은 싫든 좋든 야당 출신 총리를 임명해야 하는 '동거정부Cohabitation'가 탄생한다.

프랑스 정치사에서 동거정부는 세 차례 발생했고, 그 과정에서 대통령과 총리 사이에 치열한 권력 투쟁과 갈등이 빚어지기도 했다. 하지만 이는 역설적으로 선출된 권력이라도 어느 한 사람이 국가의 모든 권력을 독점하고 폭주하는 것을 구조적으로 완벽하게 차단하는 안전장치가 되었다. 포르투갈, 핀란드, 폴란드 같은 나라 역시 이처럼 대통령과 총리가 권한을 분담하는 이원적 구조를 채택하고 있다.

물론 극한의 진영 대립이 일상화된 한국 정치에 이 모델을 그대로 이식할 수는 없다. 대통령과 야당 총리의 동거정부가 극심한 엇박자를 내며 국정 마비로 이어질 수 있다는 우려는 지극히 타당하다. 그러나 한 사람에게 모든 권력이 집중되어 헌정질서를 유린하는 '폭주의 위험'과 권력을 나누어 상호 견제 속에서 합의를 끌어내야 하는 '비효율의 피로감' 가운데 과연 무엇이 국가 존립에 더 치명적일까?

분권형 통치 구조의 구체적 권한 배분 방식과 갈등 조정 메커니즘은 별도의 심도 있는 사회적 합의가 필요한 주제다. 그러나 여기서 분명히 해두어야 할 대원칙은 하나다. 4년 중임제, 결선투표제, 권한 분산, 총리 국회 추천제 등 어떤 헌법적 조합을 선택하든 '제왕의 칼자루를 압수해 국가 권력을 다시 시민의 통제 아래 두는 것'이 모든 개헌 논의의 출발점이 되어야 한다는 사실이다.

레임덕 직역하면 '절뚝거리는 오리Lame Duck'라는 뜻으로, 임기가 끝나가는 권력자의 영향력이 급격히 줄어드는 현상을 말한다. 정치인들과 관료들의 관심이 현직 대통령에서 차기 대통령 후보로 옮겨가면서 현직 대통령의 정책 추진력이 떨어지고 인사권도 약해진다.

5년 단임제에서는 재선이 없기 때문에 레임덕이 더 빨리, 더 극심하게 찾아오는 경향이 있다. 임기 후반부터는 여당 내에서도 차기 대선 경쟁이 시작되면서 대통령의 구심력이 급속히 약화된다. 6공화국 이후 역대 대통령들은 예외 없이 임기 4년 차를 전후해 레임덕에 빠졌으며, 사실상 마지막 1~2년은 국정 운영보다 차기 구도 관리에 더 많은 에너지를 쏟아야 했다.

사법부와 독립기관:
정의와 감시의 균형

사법부 독립의 역설

법원은 독립적이어야 한다. 이것은 법치주의의 기본 전제다. 하지만 한국의 법원은 오랫동안 '독립적이지 않다'는 비판을 받아왔다. 흔히 우리는 사법부의 독립을 위협하는 존재로 대통령이나 국회 같은 '외부 권력'을 떠올린다. 하지만 가장 치명적인 위협은 법원 '내부'에 있다. 바로 대법원장 1인에게 지나치게 집중된 제왕적 권한이다.

현행 체제에서 대법원장은 대통령이 지명하고 국회가 동의해야 임명된다. 그리고 이렇게 임명된 대법원장이 전국의 모든 법관에 대한 인사권을 사실상 독점한다. 승진, 전보, 핵심 보직 배정, 해외 연수 등 법관의 커리어 전체가 대법원장 의중에 달려 있는 것이다. 법관들이 판결문보다 상급자의 눈치를 먼저 살필 수밖에 없는 수직적 서열구조가 존재하는 한, 진정한 사법 독립은 불가능하다.

이 독점적 구조가 얼마나 위험한지는 2018년에 드러난 '사법농단' 사건이 증명했다. 사건의 핵심은 대법원이 청와대와 재판을 거래했다는 것이다. 대법원은 일제강점기 강제 징용 피해자 배상 소송의 선고를 일부러 늦추는 대신, 상고법원 설치나 법관 해외 파견 확대 같은 법원의 조직적 이익을 챙기려 했다. 시민이 당연히 누려야 할 '재판받을 권리'가 기관의 이익을 위한 협상 카드로 전락한 것이다.

그런데 정작 이 사건의 재판 결과는 더 충격적이었다. 법원은 사법행정권자•의 재판 개입이 부적절하다는 점은 일부 인정하면서도, 정권과 대법원 정책에 비판적인 판사들을 격오지로 쫓아낸 '인사 보복'에 대해서는 무죄를 선고했다. "인사는 대법원장의 폭넓은 재량"이라는 이유였다. 법원이 스스로 법원장의 인사 전횡을 합법화한 것이다.

왜 이런 결론이 나왔을까. 이 재판을 심리한 판사들 역시 같은 인사 구조 안에 있는 사람들이기 때문이다. 대법원장의 재량을 위법이라고 선언하는 순간, 그 판단은 자신의 커리어를 결정하는 바로 그 권한이 위법하다는 뜻이 된다. 판사가 독립을 위협하는 낡은 구조 안에 갇혀 있는 이상, 그 구조를 깨부수는 판결은 나오기 어렵다. 현재의 법률 체계로는 사법부 수뇌부의 일탈을 제대로 처벌할 수 없다는 것이 증명된 이상, 새 헌법은 판을 완전히 새로 짜야 한다.

핵심은 재판을 하는 '사법 영역'과 인사를 관리하는 '행정 영역'을 분리하는 것이다. 우선 헌법에 '사법행정위원회'를 설치할 근거를 마련해 두어야 한다. 이탈리아나 프랑스처럼 인사를 담당하는 권한을 분산시킨 선례가 이미 존재한다. 특히 이탈리아는 판사만이 아니라 국회가 뽑은 외부 위원이 구성에 함께 참여하게 함으로써 법관들이 권력을 독점할 수 없도록 제도를 설계했다. 이처럼 인사권은 판사들만의 성역이 아니며 '외부의 감시'를 받는 기구가 담당한다는 원칙을 헌법에 분명히 넣어야 한다. 그래야만 '사법부의 독립 침해'라는 법원의 핑계를 원천 차단하고, 정권이 바뀌어도 흔들리지 않는 튼튼한 개혁이 가능해진다.

나아가 헌법에 적힌 대법원장의 독점적 인사권을 삭제해야 한다. 현행 헌법 제104조 제2항은 대법관을 임명할 때 반드시 대법원장이 먼저 후보를 올리도록(제청) 규정하고 있다. 이 조항이 존재하는 한 대법원장은 제왕적 권력을 계속 유지할 수 있다. 따라서 개헌을 통해 이 조항을 삭제하고, 독립적인 추천위원회를 거치도록 해야 한다.

권력의 뿌리가 되는 헌법 조항을 놔둔 채 밑바탕의 일반 법률만 고쳐서는 사법부 내의 '제왕'을 끌어내릴 수 없다. 목줄을 쥔 단 한 명의 제왕적 인사권자가 사라져야 비로소 판사는 윗선이 아닌 시민의 눈을 바라보며 재판할 수 있다. 그것이 진짜 사법 독립이다.

헌법에 박힌 '대못'을 뽑아야 한다

사법 개혁은 법원의 인사 구조를 바꾸는 것만으로 끝나지 않는다. 헌법 조문 곳곳에 낡은 기득권의 방패처럼 박혀 있는 '특권의 대못'들을 뽑아내야 한다.

대표적인 것이 검사의 '영장 청구권* 독점' 조항(제12조 제3항)이다. 전 세계 민주주의 국가의 헌법을 통틀어 체포와 압수수색을 위한 영장을 법관에게 청구할 권한을 '검사'라는 특정 직업군에게만 독점시켜 헌법에 명시한 나라는 찾아보기 어렵다.

이 조항은 1962년 개헌 당시, 막강했던 경찰 권력의 인권 유린으로부터 시민을 보호하기 위해 검사에게 통제 권한을 부여한 역사적 맥락에서 탄생했다. 하지만 시대가 변했다. 인권을 보호하기 위해 만들어진 장치가 이제는 검찰의 무소불위 수사 독점을 정당화하는 철옹성으로 변질되었다.

이 변질이 현실에서 어떻게 작동하는지를 보면 문제가 선명해진다. 최근 법률 개정(검경 수사권 조정)으로 경찰이 1차 수사 권한을 갖게 되었지만, 핵심 강제 수사인 압수수색이나 구속을 하려면 반드시 검사를 거쳐 영장을 청구해야 한다. 경찰이 아무리 중대한 범죄 혐의를 포착해도 검사가 이런저런 이유로 영장 청구를 거부하거나 지연시키면 수사는 멈춰버린다. 헌법에 박힌 조항 하나가 수사기관 간의 건강한 견제와 균형을 무너뜨리고, 검찰이 다른 모든 기관의 수사 방향과 속도를 통제하는 '목줄' 역할을 하고 있는 것이다. 개헌을 통해 이 조항을 삭제해 영장 청구의 주체를 법률로 정하게 함으로써 수사기관 간의 견제와 균형을 회복해야 한다.

군인들만의 닫힌 재판소, '평시 군사법원' 역시 뽑아내야 할 대못이다. 군인이라는 이유로 헌법이 보장하는 '공정하고 독립적인 법관에게 재판받을 권리'를 박탈당해서는 안 된다. 폐쇄적인 군사법원의 구조적 맹점은 해병대 채상병 사망 사건에서 고스란히 드러났다. 사망 사고의 진상을 원칙대로 수사하려던 박정훈 해병대 수사단장은 군 수뇌부의 외압에 맞서다 '항명 혐의'로 기소되어 군사법원에 섰다. 최고위 지휘관들의 부당한 명령이 사건의 핵심 쟁점인데, 정작 그 지휘관들의 영향력 아래에 있는 군사법원이 사건을 심리하는 촌극이 벌어진 것이다.

이미 2021년 군사법원법 개정으로 성범죄 등 일부 범죄에 대한 평시 군사법원의 관할권이 축소된 바 있다. 이제는 이 흐름을 헌법 차원으로 끌어올려 '평시 군사법원'을 완전히 폐지하고, 비상계엄이나 전시 상황에서만 예외적으로 운영하도록 해야 한다. 군인 역시 제복을 입은 시민이다. 제복 입은 시민의 보편적 인권을 지키는 것이 곧 안보를 튼튼하게 만드는 하나의 길이다.

헌법재판소: 더 다양하고 더 독립적으로

헌법재판소는 위헌 법률을 심사하고, 권력기관의 충돌을 제어하며, 시민의 기본권을 지키는 민주주의의 최후 보루다. 12·3 사태 이후 진행된 탄핵심판에 온 국민의 시선이 집중되었던 것도 국가적 위기 상황에서 헌법재판소가 지니는 막강한 헌법적 통제력 때문이었다.

이처럼 중요한 기관이라면 그 구성원인 9명의 헌법재판관은 우리 사회의 다양한 가치관을 대변하고 정치권력으로부터 철저히 독립되어야 마땅하다. 하지만 현행 헌법의 재판관 선출 방식은 이런 기대와는 거리가 멀다.

현행 헌법은 9명의 재판관을 대통령 3명, 국회 3명, 대법원장 3명이 각각 나누어 지명·선출하도록 규정한다. 겉보기에는 권력 분립의 원칙을 잘 구현한 듯하지만 실상은 그렇지 않다. 대법원장 역시 대통령이 임명하므로, 결국 대통령 한 사람이 9명 중 6명의 임명에 직간접적으로 영향력을 행사하는 구조다. 여기에 '재판관 임기 6년'과 '대통령 임기 5년'의 엇박자가 맞물리면 심각한 쏠림 현상이 발생한다. 실제로 문재인 정부 시절에는 엇갈린 임기 주기로 재판관 9명 중 8명이 임기 내 교체됐고, 윤석열 전 대통령 역시 파면되지 않았다면 임기 중 재판관 전원을 교체할 수 있었다. 어느 결정이 옳고 그른지를 떠나, 재판관 구성이 특정 정치 세력의 영향력 아래에 놓여 있을 때 헌법재판소가 내리는 판결은 정당성 시비에 휘말릴 수밖에 없다. 이 문제를 해결하려면 두 가지를 근본적으로 바꿔야 한다.

먼저 선출 방식이다. 대통령과 대법원장의 독점적 지명권을 폐지하고, 국민의 대의기관인 국회가 9명 전원을 선출하도록 방식을 개선해야 한다. 단, 다수당의 독식을 막기 위해 학계, 시민사회, 법조계 등이 고르게 참여하는 독립적인 '헌법재판관 추천위원회'를 신설하고, 이 위원회의 엄격한 검증을 거친 후보들만을 대상으로 국회가 특별다수결(재적 의원 3분의 2 이상)을 통해 합의 선출하도록 제도를 정비하는 것이다. 3분의 2 이상의 찬성을 요구하는 특별다수결 요건은 어느 한 정당이 단독으로 자신에게 유리한 재판관을 밀어붙이는 것을 구조적으로 차단한다. 여야가 모두 수용할 수 있는 합리적 인물이어야 한다는 조건은 정치적 독립성을 보장하는 강력한 장치가 된다.

다음으로 재판관의 자격 요건이다. 현행 헌법 제111조는 헌법재판관의 자격을 "법관의 자격을 가진 자(변호사 자격증 소지자)"로 제한하고 있다. 그러나 현실의 임명 관행은 더욱 편협해 헌법재판소는 창설 이래 줄곧 '60대, 남성, 엘리트 고위직 판사'들로 채워졌다. 노동자의 산업재해, 장애인의 이동권 침해, 성소수자에 대한 구조적 차별 문제를 다룰 때 그 현실을 직접 목도하거나 치열하게 대리한 경험이 없는 재판관들이 내리는 판단이 시민의 현실과 얼마나 닿아 있을지 의문이다.

헌법재판제도를 일찍이 안착시킨 나라들은 자격 요건을 이토록 좁게 가두지 않는다. 오스트리아, 이탈리아, 스페인 등은 직업 판사만이 아니라 대학교수나 행정 관료 등 다양한 직역의 전문가들이 참여할 수 있도록 명시하고 있다. 심지어 프랑스의 헌법위원회는 법조인 자격 요건 자체가 없어, 의대 교수나 약사, 정치인 등이 위원으로 임명된 사례도 있다. 헌법재판은 단순한 법리 해석을 넘어 사회가 나아갈 방향을 결정하는 고도의 가치 판단이기에 법 기술자들만의 독점을 제도적으로 깬 것이다.

남아프리카공화국 헌법 제174조 2항은 "사법부를 구성할 때 사회의 인종 및 성별 구성을 폭넓게 고려해야 한다"라고 명시하고 있다. 이 조항 덕에 남아공 헌법재판소는 다양한 배경의 재판관들로 채워져 사회적 약자를 보호하는 획기적 판례들을 만들어 내고 있다

한국의 새 헌법 역시 재판관의 자격을 법조인으로 좁게 가두는 조항을 삭제하고 성별, 세대, 직역 등의 대표성을 의무적으로 반영하도록 '다양성 요건'을 규정해야 한다. 여러 삶의 경험이 재판소에 들어올 때에야 비로소 헌법이 시민의 진짜 현실을 지키는 무기가 될 수 있기 때문이다.

감사원: 대통령의 품을 떠나야 할 시간

권력을 감시해야 할 기구가 권력자의 지휘를 받는다면 그 감시는 과연 공정할 수 있을까? 대한민국의 감사원이 바로 이런 뼈아픈 모순 속에 있다.

현행 헌법 제98조는 "감사원은 대통령 소속으로 하되, 직무에 관하여는 독립의 지위를 가진다"라고 명시한다. 행정부의 예산 낭비와 직무 태만을 감시해야 할 감사원이 정작 감시 대상인 행정부 수반 밑에 들어가 있는 것이다. '소속은 대통령인데 업무는 독립적'이라는 이 조문은 그 자체로 완벽한 형용모순이다. 현재 감사원장은 대통령이 지명해 임명한다. 감사 대상이 감사관의 인사권을 쥐고 있는 구조에서 살아 있는 권력을 향한 날카로운 감사를 기대하는 것은 원천적으로 무리다.

그 결과가 어떤지는 앞서 살펴본 윤석열 정부 시기의 숱한 표적 감사 논란에서 이미 확인했다. 문제는 이것이 특정 정권이나 특정 감사원장만의 개인적 일탈이 아니라는 점이다. 감사원이 대통령에 종속된 구조인 한 이 패턴은 정권이 바뀔 때마다 반복될 수 있다. 야당이 비판하는 전임 정부 정책에는 현미경을 들이대고, 현 정부의 논란에는 돋보기조차 들지 않는 이중잣대는 철저히 '구조가 만든 비극'이다.

이제 감사원을 대통령의 품에서 놓아주어야 한다. 가장 먼저 끊어내야 할 것은 소속과 지휘의 끈이다. 그렇다면 대통령에게서 떼어낸 감사원을 어디로 보내야 할까? 여기에는 크게 두 가지 길이 맞선다. 하나는 미국이나 영국처럼 아예 '국회 산하'로 이관하는 방안이다. 예산을 심사하고 행정부를 견제하는 입법부 본연의 역할을 생각하면 매우 자연스러운 선택이다. 하지만 극한의 진영 대립이 일상화된 한국 정치에서 감사원이 국회로 넘어갈 경우, 자칫 의회 다수당의 입맛에 맞는 정쟁 도구로 전락할 수 있다는 우려가 만만치 않다. 그렇기에 또다른 길인 '완전한 독립 헌법기관화'가 더욱 좋은 방향일 수도 있다. 독일이나 일본처럼 대통령에도, 국회에도 속하지 않는 제4의 독립 기구로 만드는 것이다.

감사원이 국회의 견제 기능과 결합하든, 완전히 독립된 성역으로 우뚝 서든 분명한 핵심은 하나다. 더이상 감사원을 살아 있는 권력의 하명을 받는 하부 조직으로 남겨두어서는 안 된다는 것이다.

헌법적 소속을 바꾸는 일은 결국 '인사의 독립'으로 완성되어야 한다. 지금처럼 대통령이 원장 후보 지명권을 독점하는 방식을 깨고, 국회나 사법부 등 별도의 기관이 공동으로 후보를 추천하거나 독립직인 추천위원회를 서치노록 임명 권한을 분산해야 한다. 의회가 원장과 부원장을 선출하고 감사위원들에게 법관에 준하는 강력한 신분 보장을 제공하는 독일 연방감사원의 사례는 인사권이 분산될 때 감사 기구가 어떻게 특정 정권의 사냥개로 전락하지 않을 수 있는지를 잘 보여준다.

마지막으로 보장해야 할 것은 예산의 독립이다. 현재 감사원 예산은 감사 대상인 행정부(기획재정부)의 편성 과정에 철저히 종속되어 있다. 감사 대상 기관이 감사기관의 돈줄을 쥐고 있는 셈이다. 행정부의 예산 낭비를 매섭게 지적할수록 다음 해 자신의 예산이 깎일 수 있다는 구조적 압박이 존재하는 한 제대로 된 감사는 불가능하다. 새 헌법은 헌법재판소, 선거관리위원회 등과 더불어 감사원의 예산 독립 편성을 명시해 이 보이지 않는 압력을 원천 차단해야 한다.

소속, 인사, 예산이라는 종속의 굴레를 모두 벗어던질 때 비로소 감사원은 권력의 눈치를 보지 않고, 오직 주권자인 국민의 눈높이에서 공직 사회의 기강을 세우는 본연의 역할을 다할 수 있다. 시민의 세금을 지키는 감사원이 꼿꼿하게 서야 권력은 '눈먼 돈'을 마음대로 쓸 수 없다.

사법행정권 법원의 고유 업무인 '재판' 외에 법원 조직 내부를 관리하고 운영하는 모든 권한을 뜻한다. 구체적으로는 전국 판사들의 인사(승진, 근무지 발령, 해외 연수 배정 등)부터 법원의 예산 편성, 조직 구성까지 법원 살림살이 전체가 여기에 포함된다.

현재 이 막강한 권한이 대법원장 한 사람에게 과도하게 집중되어 있다는 것이 문제의 핵심이다. 판사의 승진과 발령을 대법원장이 사실상 독점하기 때문에 판사들이 법과 양심에 따라 독립적으로 판결하기보다 자신의 인사권을 쥔 대법원장의 눈치를 먼저 보게 되는 수직적 구조가 형성된다.

이 구조적 모순이 곪아 터진 가장 극단적 사례가 바로 양승태 전 대법원장 시절의 '사법농단' 사건이다. 재판을 지원해야 할 행정 권력이 도리어 재판 결과를 통제하는 도구로 전락한 것이다.

영장제도와 영장 청구권 경찰이나 검찰 등 수사기관이 시민을 체포·구속하거나 집·휴대전화 등을 압수수색하려면, 국가가 함부로 개인의 자유를 침해하지 못하도록 사전에 판사가 발부하는 '영장'을 받아야 한다. 그런데 현행 헌법 제12조 제3항은 이 영장을 판사에게 청구할 수 있는 권한을 오직 "검사의 신청에 의하여"라고 명시하고 있다. 이는 원래 취지와 달

리 검찰이 권력 비리나 거대 기업 수사의 길목을 독점적으로
통제할 수 있는 강력한 헌법적 근거가 되어버렸다.

지방자치:
서울 공화국을 넘어서

대한민국은 서울 공화국이다

대한민국은 사실상 '서울 공화국'이다. 전체 인구의 절반이 수도권에 살고 있고, 주요 대학, 병원, 기업, 문화시설 역시 대부분 서울과 수도권에 집중되어 있다. 숫자로 들여다보면 그 집중의 정도가 얼마나 극단적인지 실감 난다. 전국 100대 기업의 본사 가운데 79개 기업이 수도권에 자리를 잡았으며, 이른바 상위권 대학들의 주소지도 서울이다. 전국 의사의 절반 이상이 서울·경기·인천에 집중되어 있는 탓에 지방 중소도시에서 응급실이나 분만실을 갖춘 병원을 가려면 수십 킬로미터를 이동해야 한다.

이 집중은 단순히 불편의 문제가 아니라 생존의 문제다. 지방에서 태어난 아이는 좋은 교육을 받기 위해 서울로 이동해야 하고, 그렇게 서울로 온 사람들은 다시 지방으로 돌아가지 않는다. 지방은 인구가 줄고, 학교가 문을 닫고, 병원이 사라지고, 산업이 떠나는 악순환에 빠져 있다. 전국 228개 시·군·구 가운데 절반에 가까운 지역이 인구소멸 위험 지역으로 분류된다.[4] 마을에 아이가 없어 폐교된 초등학교, 산부인과가 없어 이웃 도시로 원정 출산을 떠나는 임산부, 요양원 입소를 기다리며 홀로 사는 노인이 지방소멸의 구체적 얼굴이다.

이것은 개인의 선택이 만들어 낸 결과이기도 하지만, 구조적으로 중앙집권이 심화된 탓이기도 하다. 재정, 권한, 자원이 중앙에 집중되어 있으니 당연히 사람도 중앙으로 모이는 것이다. 지방자치단체는 예산 대부분을 중앙정부의 교부금과 보조금에 의존하고, 세금을 걷는 권한도, 그 세금을 쓰는 권한도 제한적이다. 지방의회가 조례를 만들어도 상위 법령에 위배되면 무효가 된다. 이래서는 지방이 자신의 특성에 맞는 정책을 실험하고 발전시키기 어렵다.

나아가 공간적 권력 분산을 통한 수도권 집중 해소 시도조차 헌법적 해석에 가로막혀 좌절된 바 있다. 2004년 신행정수도 건설 특별법에 대한 헌법재판소의 위헌 결정이 대표적이다. 당시 헌재는 성문 헌법에 명시되지 않았음에도, 오랜 역사적 관행이 헌법에 준하는 효력을 갖는다는 '관습 헌법'•논리를 들어 '서울이 수도'라는 사실을 헌법적 규범으로 인정했다. 이를 근거로 행정수도 이전을 위한 입법부와 행정부의 정책적 결단은 봉쇄되었다. 국민이 선출한 대통령과 국회가 민주적 절차를 거쳐 내린 결정이 성문 헌법에도 없는 '관행'에 의해 뒤집힌 것이다.[5]

중앙의 허락 없이도 할 수 있는 자치

현행 헌법 제8장은 지방자치를 규정하고 있지만 그 내용이 매우 추상적이다. "지방자치단체는 주민의 복리에 관한 사무를 처리하고 재산을 관리하며, 법령의 범위 안에서 자치에 관한 규정을 제정할 수 있다"(제117조)라는 규정이 전부다. "법령의 범위 안에서"라는 단서가 지방자치의 실질적 내용을 중앙정부와 국회의 결정에 종속시킨다.

새 헌법은 지방자치의 실질적 보장을 위해 다음과 같은 내용을 담아야 한다.

첫째, '보충성 원칙'을 명시해야 한다. '보충성 원칙'이란 어떤 공적 사무는 가능한 한 주민에게 가장 가까운 수준의 정부가 처리해야 하며, 상위 정부는 하위 정부가 처리하기 어려운 사무에만 개입한다는 원칙이다. 유럽연합조약(리스본조약 제5조)은 물론, 독일 기본법과 프랑스 헌법도 이 원칙을 채택하고 있다. 이 원칙이 헌법에 담기면 중앙정부가 지방의 사무에 개입하려 할 때 "왜 지방이 스스로 처리할 수 없는지"를 입증해야 하는 구도가 만들어진다.

둘째, 자치입법권을 강화하는 내용을 포함해야 한다. 현행 헌법은 지방자치단체가 "법령의 범위 안에서" 조례를 제정할 수 있다고 규정한다. 새 헌법에서는 이를 "법령에 반하지 않는 한"으로 바꿔야 한다. 비슷해 보이지만 다르다. "법령의 범위 안에서"란 중앙 법령이 허용한 것만 할 수 있다는 뜻이다. 법령에 근거가 없으면 지방은 아무것도 할 수 없다. 반면 "법령에 반하지 않는 한"은 법령이 금지하지 않은 것이라면 자율적으로 할 수 있다는 뜻이다. 전자는 '허용 목록' 방식이고 후자는 '금지 목록' 방식이다.

이 두 원칙이 없을 때 어떤 일이 벌어지는지 우리는 이미 뼈아프게 경험했다. 2015~2016년, 성남시는 자체 재원으로 청년배당과 무상교복 등 3대 무상복지 정책을 추진했고, 서울시는 미취업 청년을 위한 청년수당 사업을 시작했다. 두 지자체 모두 재정자립도가 전국 최상위권이었고, 지역의 구체적 필요에 맞춰 자체 예산으로 정책을 설계했다. 그러나 박근혜 정부의 보건복지부는 사회보장기본법상 '사전 협의' 조항을 근거로 사업 중단을 요구했다. 성남시에 대해서는 대법원에 제소하고, 서울시에 대해서는 직권취소 처분을 내렸으며, 협의에 응하지 않는 지자체에는 중앙정부가 지방에 배분하는 재원인 지방교부세를 삭감하겠다는 시행령까지 개정했다.

지역 주민에게 가장 가까운 정부가 자체 재원으로 주민을 위한 복지정책을 펼치는데, 중앙 부처의 '협의'가 사실상 '거부권'으로 작동해 모든 것이 멈춰버린 것이다. 보충성 원칙이 있었다면 중앙정부는 "왜 지방이 이 사무를 처리할 수 없는지"를 먼저 입증해야 했을 것이다. 자치입법권이 "법령에 반하지 않는 한"으로 규정되어 있었다면, 상위 법령이 명시적으로 금지하지 않는 청년 복지사업을 지자체가 조례로 시행하는 것이 원칙적으로 존중되었을 것이다. 지방이 중앙의 허락을 구하는 것이 아니라, 중앙이 지방의 결정을 뒤집으려면 그 이유를 밝혀야 하는 상황으로 바뀌는 구조다. 지방이 중앙의 허락 없이도 지역 특성에 맞는 정책을 실험할 수 있어야 진정한 자치다.

다만 자치입법권의 확대는 반드시 지방의회의 심의 기능 강화와 함께 가야 한다. 단체장이 독점하는 조례 발의권을 지방의회와 주민이 나누고, 지방의회가 집행부를 실질적으로 견제할 수 있어야 한다. 분권은 중앙의 권한을 단체장 한 사람에게 이전하는 것이 아니라, 지역 공동체 전체의 자기 결정권을 넓히는 것이어야 한다. 지방분권 논의에서 자칫 간과되기 쉬운 '지방 내 권력 집중'의 위험을 경계하는 안전장치야말로 분권이 지역 토호의 권력 독점으로 변질되는 것을 막는 핵심이다.

재정 자주권을 강화하는 것도 중요하다. 지방자치의 실질은 돈이다. 현재 지방자치단체 재원의 상당 부분이 중앙정부의 지방교부세와 보조금으로 구성되어 있어 지방은 재정적으로 중앙에 종속된다. 새 헌법은 지방세의 종류와 세율을 지방이 스스로 결정할 수 있도록 그 권한의 범위를 명시하고, 중앙과 지방 사이의 재원 배분 원칙을 규정해야 한다. 이와 동시에 재정 자주권에는 재정 책임성이 따라야 한다. 지방 재정운용의 투명성을 헌법 수준에서 보장하고, 주민이 예산 편성과 집행을 감시할 수 있는 권리를 명시함으로써 재정 자주권이 단체장의 사유물이 되지 않도록 해야 한다.

마지막으로, 새 헌법은 "대한민국의 수도는 법률로 정한다"라는 명문 규정을 반드시 신설해야 한다. 수도의 위치를 관습 헌법이라는 족쇄에서 해방시켜 국가 기능의 공간적 분산을 유연하게 추진해야 한다.

권력을 주민에게

지방자치의 주체는 단체장도, 지방의회도 아닌 주민이다. 권한을 지방으로 이전했는데 그 권한이 단체장 1인에게 집중된다면, 그것은 제왕적 대통령을 제왕적 시장과 군수로 복제하는 것에 불과하다. 분권의 완성은 권력이 중앙에서 지방으로 내려오는 것에서 끝나지 않는다. 그 권력이 주민에게까지 닿아야 한다. 이를 위해 새 헌법은 주민의 직접 참여를 보장하는 네 가지 권리를 설계해야 한다.

첫째, 주민조례발안권이다. 2022년 시행된 주민조례발안법 덕에 주민이 서명을 모아 조례안을 지방의회에 직접 청구하는 경로는 이미 열려 있다. 하지만 이 권리에는 결정적 한계가 있다. 주민이 어렵게 서명을 모아 조례안을 의회에 제출해도 지방의회가 그 안을 심의조차 하지 않거나 표결로 부결시킬 수 있다. 의회가 부결한 이유를 설명할 의무도, 주민이 의회의 결정에 이의를 제기할 수단도 현재로서는 없다. '발안'의 권리는 있지만 '결정'의 권리는 없는 구조인 것이다.

새 헌법이 주민조례발안권을 명시해야 하는 이유가 여기에 있다. 헌법 차원의 보장은 두 가지를 바꾼다. 하나는 이 권리를 입법자의 재량으로 축소하거나 폐지할 수 없도록 하는 것이고, 다른 하나는 주민이 제출한 조례안에 대해 지방의회가 반드시 심의하고, 그 결과에 이른 이유를 공개적으로 밝히도록 하는 절차적 의무를 헌법적 근거에 따라 법률로 강제하게 만드는 것이다. 주민이 발의한 안이 의회를 통과하지 못하더라도 그 심의 과정 자체가 공론장이 되고 지방의회에 대한 정치적 압력이 된다.

둘째, 주민투표권이다. 현행 주민투표법도 주민이 직접 투표를 청구하는 경로를 열어두고 있다. 유권자 5~20%의 서명을 모으면 지방자치단체의 장에게 투표 실시를 청구할 수 있다. 문제는 그 문턱이 현실적으로 너무 높다는 점이다. 수십만 명의 서명을 짧은 기간 안에 모아야 하는 부담은 조직력 있는 집단에게는 가능해도 평범한 주민 모임으로는 사실상 불가능에 가깝다. 더 근본적인 문제는 결과의 구속력이다. 현행 주민투표법은 투표 결과가 나와도 지방자치단체가 이를 반드시 따라야 하는 법적 구속력이 명확하지 않고, 투표 성립 자체가 전체 유권자의 3분의 1 이상 참여라는 별도의 개표 요건에 가로막히는 구조다.

주민투표권을 헌법에 명시하면 이 구조를 바꿀 수 있다. 서명 요건을 현실적으로 낮추고, 투표 결과에 구속력을 부여하며, 일정 요건을 갖춘 청구에 대해 단체장이 거부할 수 없도록 하는 입법을 헌법적 근거 위에서 설계할 수 있다. 나아가 지방의회가 주민투표 결과를 뒤집으려면 특별다수결과 같은 강화된 절차를 거치도록 규정함으로써 투표 결과가 단체장이나 의회의 재량으로 무력화되는 것을 막는다.

셋째, 주민소환권이다. 2007년 도입된 주민소환제는 18년간 실질적으로 작동하지 못했다. 153명에 대해 소환 요구가 제기되었지만 실제 해임된 사람은 2명뿐이고, 92%는 절차 도중 종료됐다. 그 이유의 60% 가까이가 서명 미달이었다. 시장·군수·구청장 소환에는 유권자의 15%, 지방의원 소환에는 20%의 서명이 필요한데, 이는 현실적으로 극히 어려운 수치다. 서명을 충분히 모아 투표가 열려도 전체 유권자의 3분의 1 이상이 참여해야만 개표가 이뤄지는 또 하나의 장벽이 기다린다. 이 구조에서 주민소환제는 권력자에게 심리적 압박조차 주지 못하는 사문화된 제도로 전락했다.

주민소환권을 헌법에 명시하면서 그 요건을 합리적으로 재설계해야 한다. 해외 사례를 보면, 일본은 별도의 투표 성립 요건 없이 투표에서 과반수가 동의하면 해임되는 구조를 택하고 있다. 단, 소환 남용의 위험도 현실적이다. 독일 브란덴부르크주는 과거 10% 서명 요건으로 운영하다 소환이 남용되는 사례가 발생하자 25%로 상향했다. 요건이 너무 낮으면 정치적 반대세력이 합법적 괴롭힘의 수단으로 소환을 악용할 수 있고, 너무 높으면 있으나 마나 한 제도가 된다. 따라서 새 헌법에는 주민소환권은 보장하되, 구체적인 서명 비율·투표 성립 요건·소환 사유 제한 등은 법률로 정하도록 위임하는 방식을 적용하는 게 적절하다.

넷째, 자치조직권이다. 지방자치단체가 어떤 방식으로 주민을 대표할지를 스스로 결정할 권리다. 인구 1만 명의 농촌 군과 인구 100만 명의 광역시가 동일한 조직 구조를 가져야 할 이유는 없다. 농촌 지역은 고령화와 인구 감소에 대응하는 소규모 돌봄 행정이, 대도시는 주택·교통·환경 같은 광역 의제를 다루는 복잡한 행정이 필요하다. 지역 특성에 맞는 다양한 자치 조직 형태가 가능해야 한다. 다만 이 다양성은 주민의 선택과 지방의회의 결정을 통해 실현되어야 하며, 단체장의 편의나 중앙 정치의 특혜 논리로 설계되어서는 안 된다. 자치 조직의 다양성은 허용하되, 그 기준과 절차를 헌법에 명시함으로써 '특례 남발'의 위험을 방지해야 한다.

이 네 가지 권리는 각각 따로 작동하는 것이 아니다. 주민이 조례를 직접 발의하고, 중요한 결정에 찬반을 묻고, 잘못된 권력자를 임기 중에 물러나게 하고, 지역의 자치 방식을 스스로 결정할 수 있을 때 비로소 지방 권력이 주민을 실시간으로 책임지는 구조가 된다. 이 권리들을 헌법에 새기는 것은 단지 원칙을 선언하는 것이 아니다. 입법자가 그 권리를 함부로 후퇴시킬 수 없도록, 주민의 직접 참여가 지방자치의 선택지가 아닌 불가침의 토대가 되도록 만드는 것이다.

주민이 알아야 주민이 결정할 수 있다

이 모든 권리에는 하나의 공통된 전제가 있다. 주민이 무슨 일이 일어나고 있는지 알아야 한다는 것이다. 내 동네에 무슨 시설이 들어오는지, 구청 예산이 어디에 쓰이는지, 지방의회 의원들이 어떤 안건을 어떻게 처리했는지 모르는 상태에서 조례를 발의하고 소환 서명을 모으는 것은 불가능에 가깝다. 앞서 살펴본 것처럼 알권리가 헌법에 명시되어야 하는 이유는 중앙정부에만 해당하지 않는다. 지방자치 현장에서 그 필요는 더욱 절박하다.

주민의 삶에 직접 영향을 미치는 결정이 이뤄지는 지방자치단체의 각종 위원회 중에는 위원 명단이나 회의록이 제대로 공개되지 않는 '쌈쌈이' 위원회가 적지 않다. 회의 일정을 사전에 알 수 없고, 회의록은 사후에 제한적으로 공개되거나 아예 공개되지 않는다. 심지어 일부 지방자치단체는 비공개 원칙을 조례에 명시해 주민의 감시를 차단한다. 결정이 내려진 뒤에야 주민이 사실을 알게 되는 구조에서 주민의 발언권은 존재하지 않는다.

미국의 '선샤인 법Government in the Sunshine Act'은 이 문제를
정면으로 다룬다. 합의제 행정기관의 회의를 원칙적으로 공
개하도록 의무화하고, 회의 일정을 사전에 고지하며, 비공개
가 허용되는 예외 사유를 엄격하게 제한한다. 미국 50개 주
모두 이와 유사한 공개 회의법을 두고 있다. 단순히 회의 결
과를 알 권리만이 아니라 '결정 과정'에 참관할 권리를 법이
보장하는 것이다. 결정이 내려지기 전에 주민이 그 과정을 볼
수 있어야 이의를 제기할 실질적 기회가 생긴다.

새 헌법은 알권리를 명시하면서 지방자치 차원에서 이를
구체화하는 조항을 함께 두어야 한다. 지방자치단체가 주민
의 삶에 영향을 미치는 주요 의사결정을 사전에 공고하고, 관
련 위원회 회의를 원칙적으로 공개하며, 주민이 방청하고 의
견을 표할 수 있는 절차를 보장할 국가와 지방자치단체의 의
무를 명시하는 것이다.

권한이 지방으로 내려오면 올수록 그 권한이 어떻게 행사
되는지 주민이 감시할 수 있어야 한다는 요구도 커진다. 중앙
정부의 잘못은 전국 언론이 감시하지만, 지방의 밀실 행정은
아무도 보지 않는 곳에서 진행된다. 분권에 투명성이 없다면
그것은 중앙의 제왕적 권력을 지방의 수십 개 소왕국으로 분

산시키는 것에 불과하다.

지방분권은 중앙 권력을 지방으로 이동시키는 것이 아니다. 권력을 주민에게 더 가까이 두는 것이다. 주민이 알고, 발언하고, 결정하고, 책임을 물을 수 있을 때 비로소 지방자치는 민주주의의 학교가 된다.

관습 헌법 문서로 명시되지는 않았지만 오랜 관행과 국민적 합의를 통해 헌법에 준하는 효력을 갖게 된 불문不文의 규범이다. 성문 헌법을 갖춘 나라에서도 헌법에 쓰여 있지 않은 사항들이 사실상 헌법적 관행으로 자리 잡은 경우가 있다. 한국에서 관습 헌법이 주목받은 것은 2004년 헌법재판소의 신행정수도 건설 특별법에 대한 위헌 결정 때다. 헌법재판소는 헌법 어디에도 '서울이 수도'라는 규정이 없는데도 오랜 역사적 관행을 근거로 이를 관습 헌법으로 인정해 수도 이전 입법을 위헌으로 결정했다. 국회와 행정부의 민주적 결정이 성문 헌법도 아닌 '불문의 관행'에 의해 가로막힌 이 판결은 지금도 논란의 대상이다.

새 헌법에 "대한민국의 수도는 법률로 정한다"라는 조항을 명시해야 한다는 주장은 수도 이전의 찬반과 별개로 '관습 헌법'이라는 불투명한 근거가 민주적 입법을 가로막는 구조를 제거해야 한다는 취지를 담고 있다.

경제:

불평등의 해소

헌법 속의 경제

경제 분야도 헌법과 무관한 영역이 아니다. 헌법은 경제 질서의 기본 원칙을 규정하는데, 그 원칙 위에서 구체적인 경제 법률과 정책이 만들어진다. 재산권의 범위, 독점의 규제, 농어촌과 중소기업에 대한 지원, 소비자 보호, 부동산과 토지 이용 등 헌법을 통해 성해신 원칙들이 적지 않다.

현행 헌법 제9장 '경제' 조항(제119~127조)은 한국 경제의 기본 원칙을 담고 있다. 핵심은 제119조다. "대한민국의 경제 질서는 개인과 기업의 경제상의 자유와 창의를 존중함을 기본으로 한다"(1항)면서 동시에 "국가는 균형 있는 국민경제의 성장 및 안정과 적정한 소득의 분배를 유지하고, 시장의 지배와 경제력의 남용을 방지하며, 경제주체 간의 조화를 통한 경제의 민주화를 위하여 경제에 관한 규제와 조정을 할 수 있다"(2항)라고 규정한다.

시장의 자유와 경제 민주화* 사이의 이 긴장이 헌법 경제 조항의 핵심이다. 그리고 이 조항은 지금도 유효하다. 문제는 현실이 헌법의 이상과 너무 멀리 떨어져 있다는 것이다.

불평등을 해소하는 헌법

87년 헌법이 만들어질 때 한국 사회의 경제적 과제는 '성장'이었다. 가난에서 벗어나 산업화를 이루는 것이 시대의 목표였고, 자연스럽게 분배보다 성장이 우선이었다. 그로부터 40여 년이 지난 지금, 대한민국은 세계 10위권의 경제 대국이 되었지만 그 과실은 고르게 나뉘지 않았다.

2025년 가계금융복지조사에 따르면, 순자산 상위 10% 가구가 전체 가구 순자산의 46.1%를 차지한다.[6] 자산 불평등은 소득 불평등보다 더 깊고 완고하다. 소득은 노력으로 바꿀 수 있다는 믿음이 남아 있지만, 자산은 애초에 누구의 집에서 태어났느냐로 상당 부분 결정된다. 부는 노동이 아니라 상속과 증여를 통해 대물림되고, 출발선의 격차가 도착선의 격차를 결정하는 구조가 고착화되고 있다.

부동산은 이 불평등의 가장 날카로운 단면이다. 2010년대 이후 수도권 아파트 가격이 폭등하는 동안, 자산이 없는 청년 세대는 아무리 일해도 내 집 마련의 사다리에 발을 얹지 못하는 처지가 되었다. 토지와 부동산의 가격 상승은 그것을 이미 가진 사람에게는 수억 원의 불로소득을 안겨주지만, 그렇지 못한 사람에게는 박탈감과 함께 수시로 오르는 전월세 부담으로 돌아온다. 같은 시대, 같은 도시에 살면서 자산 보유 여부만으로 이렇게까지 다른 삶의 궤도를 걷게 되는 것이 과연 공정할까?

노동 현장의 불평등은 더욱 직접적이다. 대기업과 중소기업, 원청과 하청 사이의 임금 격차는 역대 최대 수준이다.[7] 원청이 가져가는 이윤과 하청이 감당하는 위험이 철저히 분리되는 구조가 한국 사회 불평등의 핵심 메커니즘이다. 위험은 밑으로, 이익은 위로 흐르는 이 구조는 개별 기업의 탐욕이 아니라 제도가 허용하는 정상적 경영 선택이다.

이 불평등의 구조를 바꾸는 것은 개별 법률만으로는 불충분하다. 법률은 정권에 따라 바뀌고, 시행령으로 무력화될 수 있으며, 재판에서 좁게 해석될 여지가 있다. 헌법이 경제 질서의 기본 원칙을 새롭게 세워야 하는 이유다.

'부동산 망국'을 막기 위해서라도 토지공개념*을 명확히 해야 한다. 현행 헌법 제122조는 토지에 대해 "필요한 제한과 의무를 과할 수 있다"라고 규정하지만, '토지공개념'을 명시하지는 않는다. 헌법재판소가 이 조항에서 토지공개념의 근거를 도출해 왔지만, 그 해석은 언제나 논란의 대상이었다. 토지공개념과 관련한 입법이 시도될 때마다 반대론자들은 헌법에 근거가 없다는 논리로 입법을 공격했다. 토지공개념을 헌법에 명시하면 이 싸움의 지형이 달라진다. "토지는 공공의 이익을 위해 그 이용과 처분에 제한을 받는다"라는 원칙이 헌법의 언어로 새겨지면, 부동산 불로소득을 환수하고 투기를 억제하는 입법이 매번 위헌 논란에 시달리지 않고 흔들리지 않는 기반 위에 설 수 있다.

재벌의 경제력 집중 문제 역시 헌법 차원에서 다뤄야 한다. 현행 헌법 제119조 2항의 '경제 민주화' 조항은 공정거래법 등 경제 규제 법률의 헌법적 근거가 되어왔지만, 현실의 완고한 불평등 구조를 부수기에는 충분하지 않았다. 삼성, SK, 현대 등 10대 재벌 그룹이 국내총생산에서 차지하는 비중은 날로 커지고 있고, 그 경영권은 혈연을 통해 대물림되고 있다. 이 구조는 단순히 대기업이 크다는 문제가 아니다. 소수의 가족이 출자 없이 계열사 수십 개를 지배하는 순환출자,

총수 일가의 사익을 위해 계열사를 동원하는 일감 몰아주기, 공정한 경쟁을 막는 납품 단가 후려치기가 이 구조를 통해 발생한다. 새 헌법은 경제력 집중 억제와 기업 지배구조 개선을 위한 국가의 의무를 보다 명확하게 규정하고, 순환출자 금지와 지배구조 투명화를 위한 입법의 헌법적 근거를 강화해야 한다.

기업의 사회적 책임

21세기의 기업은 주주만을 위한 이윤 창출 기계가 아니다. 기업의 활동은 다른 기업을 비롯해 노동자, 소비자, 지역사회, 환경 등 다양한 이해관계자에게 영향을 미친다. 그러나 지금까지 기업의 사회적 책임은 자발적 선택의 영역에 머물렀다. 경영 환경이 좋을 때는 ESG(환경·사회·지배구조)를 내세우다가, 이익이 줄면 가장 먼저 잘라내는 것이 하청 노동자와 환경 투자였다. ESG가 자발적 원칙인 한, 그것은 홍보 수단이 될 수는 있어도 구속력 있는 기준이 되기는 어렵다.

한국에서 이 문제는 특히 공급망 구조에서 두드러진다. 대기업은 수백 개의 협력사를 통해 제품을 만들면서도, 그 공급망에서 발생하는 산업재해나 환경 오염에 대해서는 책임지지 않았다. 협력사 소속 노동자가 죽어도 원청은 "우리 직원이 아니다"라고 말할 수 있는 구조가 오랜 기간 지속되어 온 것이다. 이 구조를 바꾸기 위해 중대재해처벌법이 도입되고 노란봉투법이 시행됐지만, 공급망 전반의 책임을 다루기에는 여전히 한계가 있다.

새 헌법은 기업이 그 규모와 사회적 영향력에 상응하는 사회적 책임을 져야 한다는 원칙을 세워야 한다. 구체적으로 는 일정 규모 이상의 기업에 대해 환경, 노동, 인권 영역의 의 무를 법률로 규정할 수 있도록 헌법적 근거를 마련하는 것이 다. 독일은 2023년부터 공급망 실사법을 시행해 기업이 공급 망 전체의 인권과 환경 기준을 준수하도록 의무화했고, 프랑 스 역시 2017년부터 일정 규모 이상 기업에 실사 의무를 부 과하는 법을 시행 중이다. 이런 입법이 한국에서 추진될 때마 다 "기업 활동의 자유를 침해한다"라는 반론이 제기됐다. 헌 법에 기업의 사회적 책임 원칙의 근거를 마련하면, 이런 반론 의 논거를 헌법 차원에서 차단하고 관련 입법이 훨씬 안정적 인 기반 위에 서게 된다. 기업의 사회적 책임을 자율에 맡기 는 시대는 끝났다. 불평등을 심화시키는 기업 행위에 헌법적 한계를 설정하는 것이 새 헌법의 과제다.

이윤만이 경제가 아니다

시장경제와 국가계획경제 사이에 제3의 경제 영역이 있다. 협동조합, 사회적기업, 공익법인, 마을기업처럼 이익 극대화보다 사회적 가치를 추구하는 경제 주체들이 속한 영역이다. 이들은 지역 공동체를 지키고, 취약 계층에게 일자리를 제공하며, 이윤이 아닌 필요에 따라 움직이는 경제의 다른 가능성을 보여준다.

현행 헌법에는 사회적 경제˙에 대한 명시적 근거가 없다. 그 결과 협동조합과 사회적기업을 지원하는 법률들이 일반적인 시장경제 원리와 충돌한다는 논란이 끊이지 않는다. 2012년 협동조합기본법이 제정되면서 협동조합 설립이 대폭 간소화되어 지금은 2만 개가 넘는 협동조합이 등록되어 있다. 하지만 공공기관 발주 사업에 사회적기업을 우대하는 조항이 들어 있거나, 협동조합에 대한 세제 혜택이 언급될 때마다 "시장의 공정 경쟁을 해친다"라는 비판이 제기되곤 한다. 사회적 경세의 근거가 헌법에 없으니 지원 입법의 정당싱 논쟁을 매번 다시 치러야 하는 것이다.

따라서 새 헌법에 사회적 경제의 헌법적 근거를 마련해야 한다. 스페인 헌법 제129조가 협동조합을 장려하도록 공권력에 의무를 부과한 것이나, 이탈리아 헌법 제45조가 협동조합의 사회적 기능을 명시적으로 인정한 것이 좋은 선례다. 헌법에 "국가는 사회적 경제 주체의 활동을 장려하고 지원하기 위한 입법적 조치를 마련해야 한다"라는 원칙이 들어가면, 사회적기업 우대나 협동조합 지원 입법이 시장경제의 원칙을 위반한 게 아니라 오히려 헌법적 의무를 이행한 것이 된다. 불평등은 분배 정책만으로 해결되지 않는다. 애초에 경제 권력이 소수에게 집중되지 않도록 다양한 경제 주체가 공존할 수 있는 생태계를 헌법이 뒷받침해야 한다.

헌법이 그려낼 새로운 경제

새 헌법이 그리는 경제는 시장의 역동성과 개인의 창의를 존중한다. 동시에 그 시장이 모든 사람이 공평하게 참여할 수 있는 운동장이어야 한다고 요구한다. 태어난 집안에 따라 출발선이 결정되지 않을 것, 일하는 사람이 정당한 몫을 받을 것, 토지는 투기 수단이 아닌 삶의 기반으로 기능할 것, 기업이 사회와 환경에 대한 책임을 질 것, 공동체의 가치를 추구하는 다양한 경제 주체가 공존할 것. 이것이 2026년 대한민국의 헌법이 담아야 할 경제의 풍경이다.

경제는 결코 헌법 밖의 문제가 아니다. '어떤 경제 질서를 선택하느냐'는 곧 '어떤 사회를 원하느냐'의 문제와 맞닿아 있다. 1987년의 헌법이 독재와의 단절을 목표로 삼았다면, 새 헌법은 불평등의 종말을 목표로 삼아야 한다. 그리고 그 질문에 대한 가장 근본적인 대답을 담아내는 곳이 바로 헌법이다.

경제 민주화 현행 헌법 제119조는 대한민국의 경제 질서를 두 가지 원리로 규정한다.

제1항: 개인과 기업의 경제활동의 자유와 창의를 존중함을 기본으로 한다(시장경제의 원칙).

제2항: 국가는 시장의 지배와 경제력의 남용을 방지하며, 경제주체 간의 조화를 통한 경제의 민주화를 위해 겨에에 관한 규제와 조정을 할 수 있다(국가 개입의 근거).

'경제 민주화'라는 표현은 1987년 개헌 당시 처음 헌법에 등장했다. 당시 이 조항의 핵심 설계자 중 한 명인 김종인은 재벌 중심의 경제 구조가 가져오는 경제력 집중과 불공정 경쟁을 규율하기 위해 이 조항을 만들었다고 회고했다. 곧 제119

조 2항은 처음부터 재벌 규제와 공정한 시장 질서 확립을 위한 헌법적 무기라는 것이다. 그런데 이 조항은 도입 이후 두 가지 방향에서 상반되게 해석되었다. 한쪽에서는 이 조항이 오직 '공정한 경쟁 질서 확립'만을 허용할 뿐, 결과적 분배나 노동자의 경영 참여 같은 더 급진적 개입은 정당화하지 않는다고 본다. 반대쪽에서는 '경제 민주화'라는 표현 자체가 단순한 시장 규제를 넘어 경제적 의사결정 과정에 다양한 주체가 참여하는 구조적 변화를 요청한다고 읽는다. 헌법재판소는 이 조항을 근거로 각종 경제 규제 입법의 합헌성을 인정해 왔지만, 그 범위가 어디까지인지는 여전히 사건마다 다툼이 있다.

결국 제119조 2항의 '경제 민주화'는 헌법에 존재하지만 내용이 채워지지 않은 빈 그릇에 가깝다. 어떤 정권이 어떤 입법을 추진하느냐에 따라 이 조항은 재벌 규제의 근거가 되기도 하고, 반대로 그 이상의 개입을 막는 한계선으로 작동하기도 한다. 새 헌법이 이 조항의 내용을 보다 구체적으로 채워야 하는 이유가 바로 여기에 있다.

토지공개념 토지는 다른 재산과 달리 인간이 새로 만들어 낼 수 없고 그 양이 한정되어 있으므로, 공공의 이익을 위해 소유와 이용에 특별한 제한을 가할 수 있다는 원칙이다. 쉽게 말해 "땅은 개인의 것이기도 하지만 동시에 사회 전체의 자산이므로, 투기나 독점으로 공동체에 해를 끼치는 방식으로 사용해서는 안 된다"라는 의미다.

박정희 정권 시절인 1979년, 정부는 토지거래허가제도를 도입했고, 노태우 정부 시절 토지공개념 관련 법률들이 제정되었다. 1989년, 헌법재판소는 토지소유권은 절대적인 것이 아니며, 공공의 이익 내지 공공복리의 증진을 위해 의무와 제약을 둘 수 있기 때문에 헌법 제121조, 제122조에 따라 토지공개념을 도출할 수 있다고 설명한 바 있다.[8]

사회적 경제 오로지 이윤 극대화만 좇는 것이 아니라, 사회적 가치(공동체 회복, 환경 보호, 취약 계층 지원 등) 실현을 핵심 목적으로 삼는 경제활동의 영역을 말한다. 대표적으로 다음과 같은 형태가 있다.

협동조합: 공통의 필요를 가진 조합원들이 모여 공동으로 소유하고, 자본의 크기와 무관하게 '1인 1표'의 민주적 원칙으로 운영되는 사업체다(예: 두레생협, 한살림).

사회적기업: 취약 계층에게 일자리나 사회서비스를 제공하는 등 뚜렷한 사회적 목적을 추구하면서 영업 활동을 수행하는 기업이다(예: 아름다운가게).

마을기업: 지역 주민들이 지역 내의 자원을 활용해 수익을 창출하고, 그 이익을 공동체의 발전을 위해 사용하는 기업이다.

이들과 일반 주식회사와의 가장 큰 차이점은 이익의 배분 방식에 있다. 일반 기업이 오로지 자본을 투자한 주주를 위한 '이윤 극대화와 배당'을 최우선으로 삼는다면, 사회적 경제 기업은 발생한 이익의 상당 부분을 사회적 목적을 위해 재투자하거나 지역사회와 조합원들에게 공정하게 환원하는 것을 제1의 원칙으로 삼는다.

**플랫폼 노동자 문제는 법을 바꾸는 것만으로도
해결할 수 있지 않나요?**

긍정적 변화가 없었던 것은 아니다. 대법원이 특정 플랫
폼 기사들의 노동자성을 인정하는 판결을 내렸고, 2026
년 3월에는 하청 노동자가 원청과 직접 교섭할 수 있는
길을 연 노조법 2·3조 개정(노란봉투법)이 시행됐다. 의
미 있는 진전이지만 이 변화들은 법률과 판례 수준에 머
물러 있다는 근본적 한계를 안고 있다. 노란봉투법이 윤
석열 정부 시절 대통령 거부권으로 두 차례 무산됐다가
정권 교체 후에야 통과됐다는 사실을 떠올리면, 법률 수

준의 보호가 얼마나 취약한지 알 수 있다. 기업은 이를 피하기 위해 끊임없이 교묘한 계약 형식을 만들어 낼 것이고, 법은 뒤늦게 이를 쫓는 숨바꼭질이 반복될 것이다.

헌법이 보호하는 '근로자'의 범위를 '일하는 사람' 전체로 넓히면 이 숨바꼭질의 구조가 달라진다. 고용 계약의 형식이 아니라 실질적인 노동관계에 따라 권리가 보장된다는 원칙이 최고 규범에 새겨지면, 기업이 어떤 계약 형식을 만든다 해도 헌법적 보호를 회피하기가 어려워진다. 이탈리아 헌법이 일찍이 "공화국은 모든 형태의 노동을 보호한다"라고 선언한 것도 같은 맥락이다.

다양한 소수 정당이 국회에 진입할 수 있는 길을 쉽게 열어주면, 극단주의 세력이 득세해 정치가 혼란스러워지지 않나요?

이 우려는 '거대 양당 구도가 곧 정치적 안정'이라는 전제에서 비롯된 것이다. 하지만 한국 정치의 현실을 보면 이 전제는 성립하지 않는다. 거대 양당이 의회를 독점하는 승자독식 구조에서 오히려 극단적 대결과 상호 부정의 정치가 심화되었기 때문이다. 그 결과 상대를 물리적으로 제거하겠다는 윤석열의 쿠데타와 이를 노골적으로 옹호한 국민의힘 지도부라는 '극단주의 세력'이 나타난 것이다. 다당제를 채택한 독일, 스웨덴, 네덜란드 등은 소수 정당들이 원내에 진출하면서 타협의 정치 문화가 정착되었는데, 이것이 곧 정치적 안정의 기반으로 작용했다.

비례성이 강화되면 극단적 세력이 억제되는 측면이 있다. 결선투표제가 도입되면 극단적 후보는 결선에서 연합을 도모하기 어렵고, 의회에 진입한 소수 정당은 예산법률주의와 강화된 국정감사제도 아래에서 단순한 주의·주장에 그치는 것이 아니라 국가 정책과 재정에 직접 책임을 지는 구조에 놓인다. 책임이 따르는 권한은 극단주의가 아닌 협상과 타협의 정치로 수렴되곤 한다.

국가 예산을 법률로 깐깐하게 다루면(예산법률주의), 국회 심의가 너무 느려져 행정부의 유연성이 떨어지지 않나요?

예산을 법률로 다루면 심의 절차가 까다로워지는 것은 사실이다. 하지만 국가적 위기 상황에서 필요한 재정적 유연성은 행정부의 임의적 판단이 아니라 합법적 예비비나 추가경정예산제도를 통해 충분히 확보할 수 있다. 미국은 예산 심의가 지연될 경우를 대비해 '잠정 예산' 같은 임시 집행 기준을 두어 행정 공백을 방지하고 있다.

오히려 예산법률주의는 입법부의 책임을 강화하는 효과가 있다. 현재 국회의원들이 발의하는 적지 않은 법안이 재원 대책 없이 허술하게 작성된다. 예산을 법률의 지위로 격상시키면 입법과 재정이 연동되어 법을 만드는 쪽이 그 비용을 함께 책임지는 구조가 자리 잡는다. 예산법률주의는 행정부를 견제하는 장치일 뿐 아니라, 국회 스스로 '재원 없는 입법'을 남발하지 못하도록 하는 자기 규율의 장치이기도 하다.

4년 중임제가 되면 대통령이 재선을 노리고 인기에 영합하는 선심성 정책이나 관권 선거를 펼치지 않을까요?

재선을 의식한 포퓰리즘 정책에 대한 우려는 4년 중임제가 가진 피할 수 없는 부작용 중 하나다. 그렇기에 4년 중임제는 결코 단독으로 도입되어서는 안 된다.

대통령에게 한 번 더 기회를 주는 대신, 그 권한을 철저히 분산하는 장치들이 하나의 패키지로 헌법에 담겨야 한다. 국회의 예산 통제권 강화, 인사권 분산, 독립적 감사 기구 확립이 함께 명시되어야만 재선이라는 유인이 '선심성 정책'이 아닌 '책임 있는 국정 운영'으로 이어질 수 있다. 재선을 원하는 대통령이 임기 중 성과를 국민에게 설명하고, 그 성과를 독립 감사원과 강화된 의회가 검증한다면 선심성 정책의 효과는 제한된다.

헌법재판소 재판관 전원을 국회가 선출하면 다수당이 헌법재판소를 장악하지 않나요?

현재 국회 몫의 헌법재판관 3명에 대해서도 다수당에게 유리한 인물을 추천하는 관행이 있어왔다. 하지만 대통령·국회·대법원장이 3분의 1씩 추천하는 지금의 구조가 이 문제를 해결하고 있는지 먼저 살펴야 한다. 앞서 이야기했듯, 대통령 임기와 재판관 임기의 엇박자로 대통령 임기 중 헌법재판관이 모두 교체되는 상황이 벌어질 수 있다. 대통령이 3명을 지명하고, 대통령이 임명한 대법원장이 3명을 지명하는 지금의 구조가 다수당의 독점보다 덜 위험하다고 보기는 어렵다.

국회가 헌법재판관을 전원 선출하는 경우, 다수당 독식을 막는 장치로 두 가지를 설계할 수 있다. 하나는 재적 의원 3분의 2 이상의 특별다수결 요건이다. 이 요건에서는 어느 한 정당이 단독으로 원하는 인물을 밀어붙이기 어렵고, 여야가 모두 수용할 수 있는 인물을 찾아야 하는 구조가 만들어진다. 다른 하나는 학계·시민사회·법조계가 고르게 참여하는 독립 추천위원회다. 이 위원회를 거친 후보만을 대상으로 국회가 선출하도록 하면, 정치권이 자의적으로 인물을 내세우기 어려워진다. 완벽한 장치는 없지만, 지금보다 훨씬 다양한 견제가 작동하는 것만은 분명하다.

권력을 감시하는 감사원을 대통령에게서 떼어낸다면, 행정부를 견제하는 국회 소속으로 옮기는 것이 맞지 않나요?

미국 회계감사원GAO처럼 감사 기구를 입법부 산하에 두는 사례도 있다. 하지만 극단적 대결이 일상화된 한국의 정치 현실을 감안할 때 감사원이 국회로 넘어가면 다수당의 정략적 감사나 정적 제거 수단으로 변질될 위험이 크다. 여야가 4년마다 뒤바뀌는 정치 구조에서 감사원이 집권당의 무기가 된다면, 그것은 대통령 소속의 문제를 국회 소속의 문제로 옮긴 것에 불과하다.

따라서 독일 연방감사원처럼 행정부에도, 입법부에도 속하지 않는 독립 헌법기관으로 설계하는 것이 타당하다.

이때 "그러면 감사원을 누가 감시하느냐"라는 질문이 자연스럽게 따라온다. 독립성이 곧 무책임을 뜻하지는 않는다. 감사원장 임명을 대통령·국회·대법원이 나눠 추천하는 구조, 감사원의 활동 결과를 국회에 정기적으로 보고하는 의무, 감사위원에 대한 탄핵제도 같은 장치가 감사원에 대한 민주적 통제 수단이 될 수 있다. 누구에게도 종속되지 않으면서 모두에게 보고하는 구조가 감사원의 진짜 독립을 이끌 것이다.

토지공개념을 헌법에 명시하면
사유재산권이 침해되지 않나요?

토지공개념은 사유재산을 폐지하거나 국유화하자는 주장이 아니다. 토지 소유는 여전히 개인의 권리로 보장하지만, 토지가 다른 재산과 다른 성격을 가진다는 점을 헌법에 넣자는 것이다. 토지는 누군가가 만들어 낸 것이 아니다. 그리고 공동체가 인프라와 도시를 건설한 덕분에 가치가 상승한다. 강남 아파트값이 오른 것은 그 소유자가 무언가를 해서가 아니라. 지하철이 놓이고 학교가 들어서면서 수십만 명이 그 주변에 살기 시작해서다.

이미 현행 헌법도 "국가는 국민 모두의 생산 및 생활의 기반이 되는 국토의 효율적이고 균형 있는 이용·개발과 보전을 위하여 법률이 정하는 바에 의하여 그에 관한 필요한 제한과 의무를 과할 수 있다"(제122조)라고 규정하며 토지에 대한 제한 가능성을 인정하고 있다. 헌법재판소도 이 조항을 근거로 토지공개념을 도출해 왔다. 토지공개념 명시는 이미 판례가 인정한 원칙을 헌법의 언어로 명확히 확인하는 것이다. 그렇게 해야 부동산 불로소득 환수나 투기 억제를 위한 입법이 위헌 논란에 휘말리지 않고 안정적인 기반 위에 설 수 있다.

3장

개헌은
어떻게
이뤄져야
하는가

40년 실패의 역사

밀실에서 만들어진 헌법

1987년 6월항쟁은 시민이 만들어 낸 승리였다. 그러나 그 승리의 결실인 헌법은 시민이 만들지 않았다. 6·29선언으로 직선제 개헌이 확정되자, 여당 민정당과 야당 통일민주당에서 각 4명씩, 총 8명으로 구성된 정치회담에서 개헌안을 논의하기 시작했다.˙ 회담은 철저히 비공개로 진행됐다. 어떤 논의가 오갔는지, 왜 그런 결정을 내렸는지 국민은 사후에 통보받을 뿐이었다. 핵심 쟁점이었던 대통령 임기는 민정당의 6년 단임과 통일민주당의 4년 중임이 맞붙었다가 5년 단임으로 낙착됐다. 협상의 논리는 단순했다. 김영삼과 김대중이 각자 대선 출마를 결심한 상황에서 상대방이 당선될 경우 다음 기회를 위해 8년을 기다려야 한다는 정치적 계산이 4년 중임제 요구를 포기하게 만든 것이다. 6년과 4년의 중간값인 '5년'은 결국 정치적 이해관계가 아슬아슬하게 맞아떨어진 야합의 산물이었던 셈이다.

거리의 집회를 이끌었던 국본(민주헌법쟁취 국민운동본부)은 이 과정에 개입하는 데 실패했다. 국본도 자체적으로 개헌 요강을 마련했지만, 8인 정치회담이 속전속결로 협상을 시작한 뒤였다. 더 결정적인 패착은 개헌운동보다 곧이어 다가온 대통령 선거에 대응하는 것으로 방향을 틀어버린 것이었다. 그 결과 국본이 그토록 간절히 주장했던 갑오농민혁명과 6월 항쟁의 헌법 전문 명시, 부통령제, 노동기본권 완전 보장, 토지공개념 강화 같은 사회경제적 핵심 의제들은 최종 개헌안에 단 한 줄도 반영되지 않았다.

1987년 10월 27일 국민투표가 실시되어 78.2%의 투표율에 93.1%의 찬성으로 새 헌법이 확정됐다. 압도적 수치였다. 하지만 시민들이 환호한 것은 세세한 헌법 조문이 아니라 '내 손으로 대통령을 뽑는다'는 직선제 쟁취에 있었다. 헌법 조문을 쓴 것은 밀실의 협상가들이었고, 그 대표들은 훗날 차례로 대통령 자리에 올랐다. 자신들이 다스릴 나라의 막강한 권한을 스스로 설계한 셈이다. 제왕적 대통령의 그림자가 87년 헌법에 고스란히 담긴 것은 결코 우연이 아니었다.

그리고 그 반쪽짜리 헌법은 2024년 12월 3일 '비상계엄'이라는 참담한 부메랑이 되어 대한민국 헌정질서의 목을 겨누었다. 물론 이는 훨씬 나중의 이야기이고, 먼저 살펴봐야 할 것이 있다. 밀실에서 만들어진 헌법이 40년 동안 단 한 글자도 바뀌지 못한 이유다.

개헌을 약속한 대통령들

87년 헌법이 만들어진 지 40년 가까이 되었다. 그 세월 동안 개헌은 단 한 글자도 이뤄지지 않았다. 실패한 것이 아니다. 제대로 시도조차 된 적이 없다. 더 정확하게는 개헌이라는 카드를 권력자들이 수없이 꺼내 들었다가 집어넣기를 반복했다. 권력자들은 개헌을 자신의 정치적 목적을 위해 활용했고, 목적이 완수되면 가차 없이 카드를 버렸다.

역대 대통령들의 개헌 이력을 살펴보면 명확한 패턴이 보인다. 노태우 대통령은 1990년 3당 합당이라는 인위적 정계 개편을 성사시키며 내각제 개헌을 밀약으로 약속했다. 그런데 그해 10월 비밀 각서가 언론에 폭로되자 김영삼 당시 민자당 대표가 강력히 반발하고 여론이 이면 합의를 비난하면서 내각제 개헌은 허공으로 흩어졌다. 김대중 대통령 역시 대선 당시 김종필과의 연대를 구축하며 "집권 후 2년 안에 내각제 개헌을 하겠다"라고 대국민 약속을 했지만, 취임 직후 외환위기를 이유로 발을 빼더니 결국 1999년 개헌 유보를 공식 선언했다.

노무현 대통령은 임기 말인 2007년 1월 대국민특별담화에서 5년 단임제의 폐해를 극복하자며 '대통령 4년 연임제' 원포인트 개헌을 전격 제안했다. 하지만 당시 유력한 차기 대선 주자였던 박근혜 한나라당 대표가 "참 나쁜 대통령"이라며 맹비난했고, 임기 말 레임덕 상황에서 정략적 의도가 있다는 야당의 반대와 여당 내부의 냉소 속에 결국 무산되었다.

박근혜 대통령의 행보는 모순적이었다. 2012년 대선 후보 시절 4년 중임제 개헌을 공약했던 그는 당선 후 "개헌은 경제의 블랙홀"이라며 철저히 입을 막았다. 그러다 집권 4년 차인 2016년 국회 시정연설에서 갑자기 개헌론을 꺼냈는데, 불과 몇 시간 뒤 '최순실 태블릿PC' 보도가 터져 나오며 국정농단 사태가 시작되었다. 개헌론은 정권의 치부를 덮기 위한 얄팍한 국면 전환용 꼼수였음이 만천하에 드러났다. 문재인 대통령은 2018년 3월 정부 차원의 개헌안을 국회에 전격 발의하는 승부수를 던졌다. 하지만 정부 주도 개헌에 반발한 야당

들이 본회의 표결에 불참하면서 투표자 수가 의결정족수(192
명)에 한참 못 미치는 114명에 그쳤고, 결국 투표조차 성립되
지 못한 채 허망하게 폐기되고 말았다.

권력이 '개헌론'을 이용하는 방식

표면적으로 보면 개헌 시도들은 저마다 다른 이유로 실
패했다. 밀약 폭로, 외환위기, 레임덕, 국정농단, 야당 불참….
하지만 각각의 실패 이면에는 하나의 공통 구조가 있다. 개헌
이 권력자에게 유리할 때만 의제로 떠오르고, 불리해지는 순
간 사라진다는 것이다. 이는 개인의 도덕 문제가 아니라 구조
의 문제다. 개헌을 통해 얻을 수 있는 것이 있을 때 권력자는
개헌 이슈를 꺼내고, 계산이 어긋나는 순간 외면해 버린다.

노태우의 내각제 개헌은 3당 합당의 정치적 대가로 쓰였
고, 그 지불이 부담스러워지자 폐기되었다. 김대중의 내각제
약속은 연립정부 구성을 위한 협상 카드였고, 집권 후 외환위
기라는 더 절박한 의제 앞에서 뒤로 밀렸다. 박근혜의 개헌론
은 국정농단 사태가 터지기 불과 몇 시간 전에 나왔다. 심지
어 진정성 있게 개헌을 추진하려 했을 때는 상대 정치 세력으
로부터 정략적 의도가 있는 것으로 규정되는 경우도 많았다.

개헌이 '개인의 선의'가 아니라 '구조적 강제'로 추진되어

야 하는 이유가 바로 여기에 있다. 권력자가 원할 때 하는 개헌은 권력자에게 유리한 헌법이 된다. 시민이 요구하고 절차가 강제하는 개헌만이 시민을 위한 헌법이 될 수 있다. 이 패턴은 2024년 12·3 비상계엄 직후에도 반복될 조짐을 보였다. 위헌적 계엄 선포 직후 궁지에 몰린 일부 여권 인사들이 '임기 단축 개헌' 카드를 꺼내 든 것은 탄핵의 불길을 피하거나 희석시키려는 정치적 계산이었다. 국가의 근본을 다시 세워야 할 개헌이 또다시 정치적 위기 탈출의 소모품으로 동원될 뻔한 것이다.

왜 개헌은 번번이 실패했는가

정치적 의지의 문제만이 아니다. 구조적 이유도 있다. 현행 헌법 제128조부터 제130조는 개헌 절차를 규정한다. 국회 재적 의원 3분의 2 이상의 찬성과 국민투표에서 투표자 과반수 찬성을 동시에 충족해야 한다. 국회 재적 의원 3분의 2는 현재 기준으로 200명이다. 어느 한 정당이 단독으로 이 숫자를 채우기는 사실상 불가능하다. 곧 개헌은 극단적 대립이 일상화된 여야의 진정성 있는 합의 없이는 결코 열리지 않는 좁은 문이다.

여야가 사생결단으로 대립하는 한국 정치에서 3분의 2의

합의를 끌어내는 것이 얼마나 어려운 일인지는 굳이 설명하지 않아도 될 것이다. 그런데 여기서 치명적 역설이 발생한다. 권력의 불균형이 극심할 때, 곧 한쪽이 3분의 2에 가까운 의석을 가져 개헌이 가능할 때 그들은 굳이 유리한 구도를 바꿀 이유가 없다. 반대로 권력이 팽팽하게 균형을 이룰 때는 주도권 싸움 탓에 합의가 불가능하다. 개헌이 가장 절실한 순간과 가장 가능한 순간이 일치하지 않는 지독한 딜레마가 있는 것이다.

또한 현행 헌법에는 시민이 직접 개헌안을 낼 수 있는 제도가 없다. 발의권은 오직 대통령과 국회만 가진다. 시민이 아무리 개헌을 원하고 광장을 촛불로 가득 채워도 주권자의 이름으로 헌법 조문을 국회에 밀어 넣을 합법적 통로가 존재하지 않는 것이다. 광장의 에너지가 헌법을 바꾸는 동력으로 이어지지 못하니, 여의도에 갇힌 개헌의 교착 상태를 타개하기 어려울 수밖에 없다. 정치인들이 움직이지 않으면 시민은 기다리는 수밖에 없는 구조, 이것이 40년 개헌 실패의 제도적 뿌리다.

마침내 치워진 10년의 장벽, '국민투표법'

정치권의 이해타산과 구조적 딜레마가 개헌을 늦춘 주범

이었다면, 애초에 개헌을 원천적으로 불가능하게 만들었던 치명적이고 숨겨진 법적 장벽은 따로 있었다. 바로 10년 넘게 '위헌 상태'로 방치되어 있던 국민투표법이다.

헌법 제130조에 따라 개헌안은 국회를 통과하더라도 반드시 국민투표를 거쳐야만 최종 확정된다. 그런데 1962년에 제정되어 먼지가 쌓여 있던 현행 국민투표법은 '주민등록이 되어 있지 않은 재외국민'의 투표권을 원천적으로 박탈하고 있었다. 이에 2014년 헌법재판소는 "국민투표권은 헌법상 기본권인데, 선거 기술상의 이유로 재외국민을 배제하는 것은 참정권 박탈과 다름없다"라며 헌법불합치(위헌) 결정을 내리고, 2015년 말까지 법을 고치라고 명령했다.[9]

놀랍게도 국회는 헌법재판소의 명령을 무시했다. 법을 고치지 않았고, 결국 2016년 1월 1일부로 해당 조항은 완전히 효력을 상실했다. 이는 그동안 대한민국이 '국회가 완벽한 합의로 개헌안을 통과시켜도 법적으로 국민투표를 치를 수 없어 개헌이 중단되는 기막힌 셧다운 상태'에 무려 10년 가까이 놓여 있었음을 의미한다. 시대착오적인 모순은 이뿐만이 아니었다. 2019년 선거법 개정으로 18세 청소년부터 대통령을 뽑을 수 있게 되었는데도, 낡은 국민투표법은 여전히 투표권자를 '19세 이상'으로 규정하고 있었다. 청소년이 대통령은 뽑을 수 있지만 정작 국가 최고 규범을 고치는 투표에는 참여할 수 없는 코미디가 계속 유지된 것이다.

마침내 2026년 3월 1일, 헌법재판소 결정 이후 무려 11년 7개월 만에 국민투표법 전부 개정안이 국회 본회의를 통과했다. 이로써 18세 이상 모든 국민과 재외국민이 투표에 참여할 수 있게 되었고, 사전투표제까지 도입되면서 물리적 장애물이 사라졌다. 40년 동안 여의도 밀실에 갇혀 있던 개헌 논의를 광장으로 끌어낼 실행 스위치가 마침내 켜진 것이다.

하지만 스위치가 켜졌다고 해서 길이 저절로 열리지는 않는다. 장벽이 사라졌다는 것은 핑곗거리가 없다는 뜻이기도 하지만, 동시에 싸움이 본격적으로 시작되었다는 의미이기도 하다. 개헌을 원하는 시민이 압도적 다수고, 절차적 장애물이 사라진 지금, 권력은 새로운 방식으로 변화를 가로막으려 한다. 그것이 무엇인지 그리고 어떻게 돌파할 것인지 살펴보자.

헌법개정특별위원회(개헌특위) 국회 내에서 헌법 개정안을 전문적으로 논의하고 성안하기 위해 구성되는 특별위원회다. 통상적 법률안은 각 상임위원회에서 다루지만, 국가 최고 규범인 헌법을 고치는 일은 그 중요성이 막대하므로 여야 의원들이 동수로 참여하는 별도의 특위를 꾸리는 것이 관례다. 개헌특위가 구성되어야 비로소 국회 차원의 공식적 개헌 논의가 시작되며, 전문가 공청회나 시민 참여 프로그램 등도 이 특위를 중심으로 진행된다.

2026년 개헌 논의의 현주소

1만 2000명이 그려낸 청사진

국민투표법이라는 절차적 장벽이 사라진 지금, 남은 질문은 하나다. 우리는 어떤 헌법을 원하는가.

최근 국회가 실시한 헌법 개정 관련 대국민 설문조사 결과는 이 질문에 대한 주권자의 답을 가장 명확하게 보여준다.[10] 이 조사는 기존의 1000~2000명 규모가 아니라, 무려 1만 2000여 명의 시민을 대상으로 온라인과 대면 면접을 병행해 진행된 전례 없는 대규모 조사였다.

결과는 압도적이었다. 국민 10명 중 7명(68.3%)이 개헌에 찬성했다. 진영의 벽도 없었다. 스스로를 보수 성향이라 밝힌 응답자의 절반 이상(51.6%)이 개헌에 찬성표를 던졌다. 개헌을 원하는 이유를 묻자 70.4%의 시민이 "사회적 변화와 새로운 문제에 대응해야 하기 때문에"라고 답했다. 1987년의 낡은 옷으로는 2026년의 기후위기, 디지털 사회, 파편화된 노동의 파도를 도저히 버텨낼 수 없다는 사실을 주권자들은 정확히 꿰뚫어 보고 있었던 것이다.

이 숫자들이 중요한 이유는 단순히 '개헌 찬성이 많다'는 사실 때문만이 아니다. 보수 성향 시민의 절반 이상이 찬성한다는 것은 개헌이 더이상 특정 진영의 의제가 아니라는 뜻이다. '개헌은 좌파의 프로젝트'라는 프레임이 더이상 통하지 않는다는 것, 그리고 이번 개헌 논의를 이념 전쟁으로 만들려는 시도가 주권자의 인식과 얼마나 동떨어져 있는지 이 수치가 증명한다.

제왕의 권력을 원천 봉쇄하라

그렇다면 시민들은 구체적으로 헌법의 어느 곳을 수술하고 싶어 할까? 첫 타깃은 단연 12·3 사태를 통해 그 끔찍한 민낯을 온 국민 앞에 드러낸 대통령의 '제왕적 비상대권'이다. 결과는 단호했다. "계엄 선포 후 일정 시간 안에 국회 승인이 없으면 계엄이 자동으로 무효가 되도록 하는 방안(일몰

제)"에 국민 77.5%가 찬성했다. "국회가 해제를 의결하면 대통령의 별도 추인 없이 그 즉시 계엄 효력이 상실되도록 하자"라는 방안에도 똑같이 77.5%가 찬성표를 던졌다. 국회가 만장일치로 계엄 해제를 의결했는데도 대통령이 3시간 30분 동안 응답하지 않았던 상황을 경험한 시민들의 목소리가 이 숫자에 녹아 있다.

비상대권의 남용 가능성을 원천 차단해야 한다는 요구는 계엄권에 그치지 않는다. 12·3 계엄의 구실이 되었던 "이에 준하는 국가비상사태"라는 헌법의 애매한 문구를 삭제하고, 오직 "전시·사변"에 한해서만 계엄을 허용하자는 강력한 제한 조치에도 국민 63.7%가 동의했다. 대통령이 자신과 가족을 향한 수사를 방어하는 데 사적으로 남용한 거부권(재의요구권)의 행사 요건을 헌법에 구체적으로 명시해 제한하자는 의견에도 69.6%가 찬성했다.

여기서 한 가지 오해를 짚고 넘어가야 한다. 일부에서는 이재명 정부가 주진하는 4년 중임제 개헌이 현식 대통령의 임기를 연장하려는 시도라고 주장하지만, 이는 사실이 아니다. 헌법 제128조 제2항은 "대통령의 임기 연장 또는 중임 변경을 위한 헌법 개정은 그 헌법 개정 제안 당시의 대통령에 대하여는 효력이 없다"라고 명시한다. 개헌안이 발의되는 시점에 재임 중인 대통령은 새 임기 제도의 적용 대상에서 제외된다. 곧 이재명 정부 임기 중 4년 중임제 개헌이 이뤄지더라도 이재명 대통령은 현행 5년 단임제의 적용만 받는다. 헌법 개정을 통해 현직 대통령이 임기를 연장하는 것은 헌법이 명시적으로 금지하는 일이다.

권력 구조 개편보다 '내 삶을 지킬 기본권'

정치권의 개헌 논의는 언제나 '4년 중임제냐 내각제냐' 같은 권력 구조 개편에만 매몰되어 왔다. 하지만 주권자의 시야는 엘리트들의 밥그릇 싸움에 머물러 있지 않았다. 오히려 시민들의 요구가 가장 뜨겁게 분출된 곳은 나와 내 이웃의 일상을 직접 지켜낼 '기본권의 확장'이었다.

개헌에서 가장 먼저 고려해야 할 사항을 묻는 질문에서 국민 35.1%는 "생명권, 안전권, 정보권 등 기본권 추가"를 꼽았는데, 이는 "대통령 임기 등 권력 구조 개편(26.0%)"을 10%포인트 가까이 누른 압도적 1위였다. 권력 구조를 어떻게 배치할 것인가보다 그 구조가 나의 생존과 존엄을 실제로 지켜주는가를 먼저 생각한 것이다.

세부 응답은 이 우선순위를 더욱 선명하게 보여준다. 세월호와 이태원의 비극을 겪으며 국가의 부재를 경험한 시민들은 국가가 재난으로부터 나를 지켜줄 책임이 있다는 것을 선언하는 '안전권' 신설에 무려 87.2%라는 지지를 보냈다. AI 와 디지털 감시의 위협 속에서 '내 정보는 내가 통제한다'는 개인정보자기결정권 명시에는 79.9%가, 기후위기 대응을 국가의 헌법적 의무로 규정하는 기후권 조항에는 74.8%가 찬성했다. 벼랑 끝에 선 지방 소멸 문제를 타개하기 위해 국가의 지역균형발전 책임을 헌법에 명시하자는 의견은 83.0%의 지지를 얻었다. 역사적 정의를 바로 세우는 일에도 단호해 헌법 전문에 5·18광주민주화운동의 정신을 수록하자는 요구가 90.6%에 달했다.

이 숫자들이 전하는 메시지는 분명하다. 헌법 개정 논의에서 시민들이 '권력 구조 개편'만큼이나 '내 삶을 직접 지키는 기본권'에도 큰 무게를 두고 있다는 것이다. 4년 중임제냐, 내각제냐의 싸움만을 개헌의 본령으로 여겨온 정치권의 시각과 플랫폼 노동의 그늘과 기후 재난, 디지털 감시 속에서 살아가는 시민의 시각이 어긋나고 있다는 깃을 데이디는 보여준다.

개헌을 가로막는 낡은 레코드, '블랙홀'

국민투표법이라는 절차적 장벽이 사라졌고, 1만 2000명의 압도적 데이터를 통해 어떤 헌법을 만들 것인지 청사진도 명확해졌다. 이제 남은 것은 국회의 결단뿐이다.

우원식 국회의장은 여러 차례 2026년 6월 3일 지방선거와 동시에 개헌 국민투표를 실시하자고 제안하며 헌법개정특별위원회 구성을 거듭 촉구했다. 하지만 국민의힘은 이를 계속 거부하고 있다. "개헌이라는 큰 과제가 떨어지면 모든 논의가 개헌 블랙홀로 빠져 들어갈 수 있다"라는 것이 원내대표의 공식 입장이었다. 굳이 하겠다면 지방선거가 모두 끝난 뒤에 논의해도 충분하다며 시기상조론을 내세웠다.

"개헌은 블랙홀이 될 것"이라는 주장은 왠지 낯설지 않다. 박근혜 대통령이 2012년 당선 뒤 개헌을 공약으로 내걸었다가 "개헌은 모든 것을 빨아들이는 블랙홀"이라는 말로 뒤집었을 때도, 역대 정권들이 개헌 논의를 슬그머니 서랍 속에 넣어버릴 때도 같은 표현이 등장했다. 40년 동안 기득권 정치세력이 변화를 뭉개고 책임을 미루고 싶을 때 틀어놓았던 낡은 레코드다.

그런데 이 논리에는 치명적 모순이 존재한다. 국민의힘은 2026년 3월 9일, 12·3 비상계엄 선포를 두고 당 명의의 공식 사과 결의문을 발표했다. 자신들이 배출한 대통령의 위헌적 비상계엄을 사과하면서도 계엄 재발을 원천 봉쇄할 안전장치를 헌법에 넣는 것은 '시기상조'라 거부한 것이다. 사과와 거부가 동시에 성립하려면 둘 중 하나는 거짓이어야 한다.

우리는 개헌에 나서지 않는 정치세력을 규탄하는 것에 그쳐서는 안 된다. 정치권의 저항을 돌파하려면 시민이 의제를 쥐고, 절차를 설계하고, 직접 발의할 수 있어야 한다. 40년의 역사가 증명하듯, 권력자들에게 개헌을 맡겨두면 결과는 언제나 같다. 이제 필요한 것은 분노가 아니라 전략이다.

지금 할 수 있는 것부터:
단계적 개헌 전략

한 번에 다 바꿀 수 있을까?

2장에서 언급한 개헌 의제들을 다시 떠올려보자. 기본권 확대, 통치 구조 개혁, 감사원 독립, 대통령 권한 분산, 사법부 개혁, 지방자치 강화, 경제 조항 개편…. 가능하다면 이 모든 것을 한꺼번에 바꾸는 전면 개헌이 이상적이다. 헌법은 하나의 유기적 체계이고, 일부분만 바꾸면 다른 부분과 충돌이 생길 수 있기 때문이다.

하지만 현실 정치는 냉혹하다. 개헌안이 국회의 문턱을 넘으려면 재적 의원 3분의 2(200명) 이상의 찬성이 필수적이다. 전면 개헌은 합의해야 할 의제가 너무 많아 협상 자체가 교착 상태에 빠지기 쉽다. 노동권, 기후권, 지방분권, 권력 구조 문제를 모두 의제로 올려놓고 만장일치에 가까운 타협을 끌어내는 일은 사실상 불가능에 가깝다.

역설은 여기서 발생한다. "모든 것을 완벽하게 고치자"라는 선의의 주장이 "의견이 엇갈려 결국 아무것도 고치지 못했으니 조금 미루자"라는 기득권의 가장 좋은 핑곗거리로 전락할 수 있는 것이다. 완벽함을 요구하는 목소리가 아무것도 바꾸지 못하는 결과를 낳는 역설, 개헌을 둘러싼 40년의 역사가 이를 반복해 증명하고 있지 않은가. 그렇기에 확실한 지름길이 필요하다. 현실적 전략은 '단계적 개헌'이다. 지금 당장 합의 가능한 것부터 1차 수술대에 올리고, 나머지는 순차적으로 고쳐나가는 방식이다.

이 전략은 현실의 벽 앞에 무릎 꿇자는 이야기가 아니다. 오히려 시민 다수가 선택한 개헌의 방식을 따르자는 것이다. 국회 대국민 설문조사 결과 "합의 가능한 의제부터 단계적으로 개헌을 해야 한다"라는 응답이 무려 69.5%에 달했나. "한 번에 전면적 개헌을 해야 한다"(25.2%)라는 의견을 세 배 가까이 압도한 것이다. 보수(70.0%), 중도(71.0%), 진보(67.8%) 등 이념 성향을 가리지 않았다. 시민들은 '오지 않을 완벽한 한 방'보다 '작더라도 확실한 변화의 축적'을 선택했다.

1차 개헌: '절차'를 바꾸는 것이 중요하다

단계적 개헌의 첫 목표는 1차 원포인트 개헌[•]을 신속하게 성사시키는 것이다. 대국민 조사에서 시민들은 단계적 개헌의 첫 시점으로 '2026년 6월 지방선거'(39.6%)를 가장 많이 꼽았다. 선거 비용을 최소화하고 동력을 극대화할 수 있는 이상적 타이밍이다.

하지만 현재 국민의힘의 반대와 물리적으로 촉박한 시간을 고려할 때 6월 동시 투표가 기술적으로 버거울 수 있다는 현실론도 부정할 수 없다. 그렇다면 여야는 최소한 언제까지 1차 개헌을 완료할 것인지 확고한 마지노선을 합의하고 국민 앞에 확약해야 한다. 목표 시한이 사라진 개헌 논의는 필연적으로 정치권의 밥그릇 싸움 속으로 증발해 버린다.

1차 개헌의 문을 통과할 의제는 철저하게 '합의를 거부할 명분이 없는 것'으로 압축해야 한다. 첫째, 12·3 내란의 재발을 원천 봉쇄하는 대통령 비상대권 통제장치다. 여론조사에서 국민 77.5%가 계엄 일몰제에, 63.7%가 계엄 요건을 전시·사변으로 한정하는 것에 찬성했다. 거부권 제한에도 69.6%가 동의했다. 12·3 내란에 대해 공식 사과한 국민의힘은 이 안전장치를 거부할 명분이 없다.

둘째, 헌법 전문에 역사적 민주항쟁의 정신을 수록하는

것이다. 5·18광주민주화운동 정신 수록에 90.6%가 찬성했고, 국민의힘 지도부 역시 찬성 입장을 밝힌 바 있다. 여야가 입장을 달리하기 어려운 의제다.

셋째, 헌법을 바꾸는 '규칙'을 개정하는 일이다. 앞의 두 가지가 이번 개헌에서 고쳐야 할 내용을 담고 있다면, 이것은 다음 개헌을 어떻게 할 것인지에 관한 사항이다. 1차 개헌에서 절차를 바꿔두지 않으면 정치권은 계엄 조항만 고친 뒤 슬그머니 자리를 비울 수 있다. 기본권 확장, 권력 구조 재편, 경제 민주화 같은 2차 개헌 의제들이 또다시 여의도 서랍 속으로 사라지는 것이다.

시민들도 이 우려를 공유한다. 설문에서 국민의 71.6%가 시민이 직접 헌법 개정안을 발의할 수 있는 '국민발안제' 도입에 찬성했다. 진보(78.7%), 중도(72.3%), 보수(65.0%) 모두 이념을 초월해 동의한 것은 개헌 논의의 주도권을 정치인들에게만 맡겨둘 수 없다는 공통된 판단 때문이다. 1차 개헌에서 설자석 통로가 얼리넌, 정치권이 2차 개헌을 미루더라도 주권자가 직접 서명을 모아 '일하는 사람을 위한 헌법안' '기후위기 극복 헌법안' 등을 국회와 국민투표장으로 강제 소환할 수 있다. 1차 개헌에서 절차를 바꿔놓는 것이 중요한 이유다. 내용의 문을 여는 열쇠는 절차에 있다.

2차 개헌: 시민이 설계하는 새로운 체제

1차 개헌으로 낡은 헌법에 시민의 길이 열렸다면, 2차 개헌에서는 정치권의 눈치를 보지 않고 보다 포괄적인 사회 개혁을 밀어붙여야 한다. 1차 개헌안에 "이 헌법 시행 후 일정 기간 이내에 2차 개헌을 완료한다"라는 부칙*을 다는 것도 정치권이 2차 개헌을 무기한 미루는 것을 막는 좋은 전략이다.

2차 개헌의 테이블에는 거대한 두 축이 올라가야 한다. 하나는 권력 구조의 근본적 재편이다. 무책임한 정치를 끝내기 위해 대통령 4년 중임제(응답자 56.0% 찬성)를 도입하고, 권력의 민주적 정당성을 확실히 다질 결선투표제(54.6% 찬성)를 함께 장착해야 한다. 행정부로부터 감사원의 완전한 분리 같은 제왕적 권한의 구조적 해체도 뒤따라야 한다.

다른 하나는 시민의 삶을 직접 방어할 기본권의 심화다. 안전권(87.2%), 생명권(85.9%), 개인정보자기결정권(79.9%), 기후권(74.8%), 지역균형발전(83.0%)이 2차 개헌의 주요 내용이 되어야 한다. 그 외에도 2장에서 살펴본 평등권·노동권·사회권 같은 다양한 권리들, 지방자치와 경제 조항들 역시 함께 논의될 수 있도록 토론의 장을 넓혀야 한다.

단계적 개헌은 완전한 개헌을 포기하는 것이 아니다. 전면적인 개헌에 모든 것을 걸었다가 실패한 뒤 또다시 오랜 시간을 기다리는 것보다, 조금씩 더 나은 헌법으로 나아가는 것이 더 민주적이고 지속 가능하다. 헌법은 완성된 문서가 아니라 계속 쓰이는 문서다. 그것을 쓰는 주체는 언제나 시민이어야 한다.

시민의회: 숙의 민주주의의 실험

좋은 헌법을 만들고 싶다고 해서 바로 되는 것은 아니다. 1~2차 개헌안의 구체적 조문은 과연 누가, 어떻게 다듬어야 할까. 87년 헌법처럼 정치인들이 밀실에서 개헌안을 완성한 뒤 국민에게 찬반만 묻는 방식은 결국 실패를 낳을 것이다. 개헌의 설계를 여의도에만 맡겨둔다면 주권자의 기본권보다 권력 구조 재편에만 논의가 쏠리는 역사가 되풀이된다.

그렇다면 시민의 의견은 어떻게 반영해야 할까. 여론조사나 공청회와 같은 방식은 한계가 분명하다. 헌법 개정 관련 전문가 심층 면접에서 한 시민사회 관계자는 "지방을 돌면서 공청회를 여는 방식은 결국 각사 의견만 나열하고 끝나는 경우가 많다. 숙의라기보다는 동원 행사에 가깝다"라고 비판했다. 또다른 전문가는 "개헌 같은 사안에서 단순히 찬반을 묻는 여론조사는 선호를 파악하는 데는 도움이 될지 몰라도, 왜 그런 판단을 했는지는 말해주지 않는다"라고 지적했다. 헌법 개정은 인기투표가 아니라 국가 공동체의 약속을 정하는 이해와 판단의 과정이어야 한다.

이를 실현할 도구로 가장 유력하게 이야기되는 것이 바로 '시민의회Citizens' Assembly'다. 무작위로 선발된 일반 시민이 전문가의 도움을 받아 특정 주제를 깊이 숙의하고 권고안을 만드는 제도다.

아일랜드: 99명이 수십 년의 교착 상태를 깨뜨리다

주목해야 할 모델은 아일랜드다. 가톨릭 전통이 깊은 보수 사회였던 아일랜드에서는 동성 결혼과 낙태라는 두 의제가 수십 년간 정치적 뇌관이었다. 어떤 정당도 이 '뜨거운 감자'를 먼저 건드리려 하지 않았다. 그런데 99명의 평범한 시민이 이 교착 상태를 깨뜨렸다.

아일랜드는 2012년 '헌법회의Convention on the Constitution'를 시작으로 숙의 민주주의* 실험에 나섰다. 헌법회의는 무작위 추첨으로 선발된 시민 66명과 정치인 33명, 독립적인 의장 1명으로 구성되었다. 이 헌법회의가 동성 결혼 합법화를 권고했고, 2015년 국민투표에서 62.1%의 찬성으로 헌법이 개정되었다. 세계 최초로 국민투표를 통해 동성 결혼을 합법화한 나라가 된 것이다.

동성 결혼보다 더 첨예한 낙태 문제를 다루기 위해 2016년에 구성된 시민의회는 한 걸음 더 나아갔다. 정치인을 완전히 배제하고, 성별·연령·지역·사회계층을 반영해 무작위 추첨으로 선발된 99명의 시민과 독립적인 의장 1명만으로 시민의회를 구성한 것이다. 시민의회는 2016년 11월부터 2017년 4월까지 다섯 차례에 걸쳐 주말 합숙 토론을 진행했다. 참여자들은 의료·법률·윤리 분야 전문가의 발표를 듣고, 낙태를 경험한 당사자의 증언을 청취했으며, 소그룹을 나눠 토론한 뒤 최종 권고안을 의결했다. 시민의회에 참여한 시민의 64%가 "제한 없는 낙태 허용"에 찬성했다. 권고안은 의회를 거쳐 국민투표에 회부되었고, 2018년 5월 66.4%의 찬성으로 낙태 금지 조항은 폐지되었다.[11]

　　시민의회의 결론(64%)과 국민투표 결과(66.4%)가 거의 유사하게 나왔다는 사실에 주목할 필요가 있다. 충분한 정보와 숙의 속에서 나온 99명의 판단이 전체 국민의 의사를 대변할 수 있다는 사실을 입증했기 때문이다. 한 시민의회 참여자는 국민투표 이후 이렇게 말했다고 한다. "우리는 감정에 이끌리지 않았습니다. 사실과 전문가의 증언에 이끌렸습니다. 그리고 그것이 어떻게든 국민 전체의 의식 속으로 스며든 것 같습니다."

아일랜드의 경험이 세계적으로 주목받는 이유는 어느 나라도 해내지 못한 것을 해내서다. 전면적 헌법 개정을 위해 4년에 걸쳐 아홉 개의 보고서를 냈고, 그 결과 동성 결혼을 합법화하고 낙태 금지 조항을 폐지했으며, 마약 문제 같은 논쟁적인 주제에 대해서도 거리낌 없이 시민의 의견을 모았다. 그뿐 아니라 고령화, 기후위기, 생물다양성, 수도 더블린의 지방행정 구조 변화 같은 복잡하고 어려운 문제에 대해서도 시민들이 해결책을 찾기 위해 토론했다. 이 성공의 비결은 단순히 '시민을 모았다'는 데 있지 않다. 아일랜드에서는 정부와 의회가 시민의회를 설립할 때 "권고에 대해 상세하게 공개 응답하겠다"라고 사전 약속을 했다. 이에 권고를 수용하지 않을지라도 그 이유를 공식적으로 설명해야 하고, 권고를 수용할 경우 국민투표 일정까지 명시해야 한다. 시민의 숙의 결과를 정치권이 침묵으로 뭉갤 수 없는 구조, 이것이 아일랜드 시민의회가 실제로 작동할 수 있었던 핵심 배경이었다.

또다른 시민의회 실험들

아일랜드의 성공이 알려지기 훨씬 전부터 세계 곳곳에서는 시민의회 실험이 이미 시작되고 있었다. 그 실험들은 성공의 경험과 실패의 교훈을 동시에 남겼다.

캐나다 브리티시컬럼비아주의 시민의회는 이 분야의 선구자로 꼽힌다. 2004년, 브리티시컬럼비아주 정부는 층화무작위 추첨으로 선발한 시민 160명에게 전례 없는 권한을 맡겼다. 선거제도를 직접 설계하라는 것이었다. 시민의원들은 11개월 동안 매주 모여 각국의 선거제도를 학습하고 토론한 끝에 새로운 비례대표제 안을 완성했다. 역사상 선출되지 않은 일반 시민에게 이런 규모의 공공정책 설계 권한이 주어진 것은 처음이었다. 시민의회의 권고는 주민투표에 회부되었지만 아깝게 부결됐다. 그러나 많은 연구자는 결과와 무관하게 이 실험을 성공으로 평가한다. 추첨으로 선발된 시민들이 전문가들조차 합의하지 못한 복잡한 제도 문제를 놓고 편향 없이 진지하게 토론할 수 있다는 사실이 증명됐기 때문이다.[12]

프랑스 기후시민의회는 규모와 파급력에서 또다른 기준점을 제시했다. 2018년 '노란 조끼' 시위로 에너지정책이 좌초된 뒤 마크롱 정부는 이 교훈을 받아들여 150명의 시민을 무작위 추첨으로 선발했다. 이들은 2019년 10월부터 7번의 주말 합숙 토론을 가졌는데, 여기에서 2030년까지 온실가스 40% 감축을 위한 149개 제안을 도출했다. 마크롱 대통령은 이 가운데 146개 안을 수용하겠다고 약속했고, 상당수가 2021년 기후·회복력법에 반영되었다. 그러나 기후시민의회가 가장 야심 차게 요구한 헌법 제1조에 환경보호 의무를 명시하는 헌법 개정안은 상원의 벽을 넘지 못하고 좌절되었다. 시민들이 합의한 권고도, 대통령의 약속도, 하원의 압도적 찬성(391대 47)도 상원을 설득하지 못하면 무용지물이 된다는 것이 드러난 순간이었다.[13]

아이슬란드는 가장 급진적인 실험을 시도했다. 2008년 금융위기 이후 기존 체제에 대한 불신이 극에 달하자, 시민 참여를 통한 헌법 개정이라는 전례 없는 도전에 나섰다. 국민선거를 거쳐 25명의 시민대표단이 선출되었지만 대법원이 절차적 이유로 선거 무효 판결을 내렸고, 결국 의회가 이들을 '헌법심의회Constitutional Council'로 다시 임명하며 위기를 넘길 수 있었다. 이들은 소셜미디어를 통해 전 국민의 의견을 실시간으로 수렴하며 헌법 초안을 완성했다. 2012년 치러진 법적 구속력이 없는 국민투표에서 이 초안을 새 헌법의 기초로 삼는 것에 대해 유권자의 3분의 2가 찬성했다. 그러나 2013년 총선을 앞두고 야당의 필리버스터 등 정치적 공방에 부딪혀 회기 내 표결은 이뤄지지 못했다. 시민이 주도하고 과반이 지지한 헌법안이 결국 기득권 정치의 문턱을 넘지 못해 미완의 실험으로 남은 것이다.

세 사례가 공통으로 가리키는 교훈은 하나다. 시민의 숙의가 작동하는 것과 그 결과가 정치 과정에 구속력 있게 연결되는 것은 별개의 문제라는 점이다. 아일랜드가 다른 나라들과 달랐던 것은 시민들이 더 현명해서가 아니라, 정치권이 "권고를 수용하지 않으면 그 이유를 공식적으로 설명해야 한다"라는 약속을 제도로 못 박아 두었기 때문이다.

한국의 숙의 실험: 가능성과 한계

한국에도 훌륭한 숙의의 근육이 있다. 2017년 신고리 5·6호기 원전에 대한 공론화가 그 시작이었다. 당시 문재인 정부는 탈원전 정책을 공약으로 내세웠는데, 이미 건설공사가 진행 중인 원전이 있었다. 이를 두고 국론이 나뉘자 정부는 전례 없는 선택을 했다. 만 19세 이상 국민 2만여 명을 대상으로 1차 설문조사를 진행한 뒤 성별·연령·지역을 반영해 500명의 시민참여단을 무작위 추출한 것이다. 시민참여단은 약한 달간 자료집 학습, 온라인 강의, 찬반 양측의 전문가 토론 시청 등의 숙의를 거친 뒤 2박 3일 합숙 토론에 참여했다.

결과는 찬반 모두의 예상을 벗어났다. 최종 조사에서는 건설 재개가 59.5%, 건설 중단이 40.5%로 나왔지만, 동시에 장기적으로 원전을 축소해야 한다는 의견이 53.2%에 달했다. 단순한 찬반 대결이 아니라 "당장은 원전을 짓지만 미래에는 바꾸자"라는 복합적 합의가 도출된 것이다. 1차 조사에서 판단을 유보했던 시민의 35.8%가 숙의 과정에서 자신의 입장을 명확히 했고, 기존 입장을 바꾼 시민도 96명에 달했다. 시민들에게 충분한 정보와 토론 시간이 주어진다면 단순한 찬반을 넘어 통합적 해법이 도출될 수 있다는 것이 입증된 순간이었다.[14]

그러나 신고리 공론화는 한국 숙의 민주주의의 한계도 동시에 드러냈다. 공론화가 끝난 뒤 건설 재개라는 결론이 나오자 문재인 정부는 이를 수용했지만, 이후 정권이 바뀌면서 에너지정책의 방향이 뒤집힌 것이다. 제도적 구속력이 없다면 시민의 숙의 결과는 정권에 따라 언제든 무효화될 수 있다는 사실이 확인된 것이다.

2024년의 연금개혁 공론화는 이 한계를 더욱 선명하게 드러냈다. 21대 국회 연금개혁특별위원회 산하 공론화위원회는 500명의 시민대표단을 구성하고, 약 한 달간 학습과 숙의 토론을 진행했다. 최종 조사에서 시민대표단의 과반(56%)이 '더 내고 더 받는' 소득보장 강화안(보험료율 13%, 소득대체율 50%)을 선택했다. 주목할 것은 보험료 부담이 가장 클 18~29세 청년층에서도 소득보장안 지지(53.2%)가 재정안정안(44.9%)을 앞질렀다는 점이다. "젊은 세대는 당연히 부담을

거부할 것"이라는 세대 갈등 프레임을 정면으로 깨뜨린 결과였다.[15]

그런데 당시 여당인 국민의힘은 이를 "명백한 개악"이라 비판하며 사실상 수용하지 않았다. 결국 2025년 3월 타결된 연금개혁안의 소득대체율은 시민대표단이 선택한 50%에 한참 못 미치는 43%로 결정되었다. 시민이 숙의를 거쳐 내린 결론을 정치권이 무시하면 방법이 없는 구조가 적나라하게 드러난 것이다.

해외 사례에서도, 한국 사례에서도 유사한 교훈을 얻을 수 있다. 시민의회는 정치권이 수십 년간 건드리지 못한 의제를 돌파할 강력한 도구가 될 수 있다는 점, 하지만 도출된 권고가 정치 과정에 구속력 있게 연결되지 않으면 알리바이용 외주기관으로 전락할 수 있다는 점이다. 따라서 헌법 개정 작업에 시민의회를 도입하려면 아일랜드처럼 '공개 응답 의무'와 '자동 상정 조항'을 법으로 규정할 필요가 있다. 시민의회 권고안이 개헌특위에 자동으로 회부되고, 국회가 이를 거부할 경우 그 이유를 공식적으로 밝히도록 의무화하자는 것이다.

개헌절차법: 밀실 협상을 막는 가장 확실한 자물쇠

87년 헌법의 가장 큰 실패는 내용이 아니라 절차였다. 지금도 그 실패가 반복되지 않으리라는 보장이 없다. 헌법 제 128조부터 제130조가 규정하는 개헌 절차는 딱 세 단계뿐이다. 대통령 또는 국회 재적 의원 과반수의 발의, 국회 재적 의원 3분의 2 이상의 찬성, 국민 과반수 찬성. 그 과정에서 공청회를 열든 시민의회를 구성하든 아무것도 하지 않든 헌법은 관여하지 않는다. 시민 참여는 정해진 약속이 아니라 '선택사항'에 불과하다. 따라서 시민 참여의 결과물은 언제든 사라질 수 있다. 정치적 상황에 따라 무시해도 막을 방법이 없는 것이다. 이것이 개헌절차법이 필요한 이유다.

개헌절차법은 헌법 내용이 아니라 과정을 규율하는 법률이다. 누가 개헌안을 만들지, 시민 의견을 어떻게 수렴할지, 그 결과를 어디까지 반영할지 법률로 정하는 것이다. 헌법이 '무엇'에 관한 것이라면, 개헌절차법은 '어떻게'를 규정하는 것이다. 개헌절차법에는 다음과 같은 내용이 담겨야 한다.

첫째, 시민의회 설치를 의무화해야 한다. 개헌 논의가 시작되면 무작위 추첨 방식의 시민의회를 구성해야 한다는 것을 법으로 정해두는 것이다. 구성 규모, 추첨 방법, 운영 기간, 참여자 지원 방식도 법률로 명시해야 한다. 절차를 법으로 세워두어야 시민의 참여가 실질적 권한을 지닌 행동이 된다.

둘째, 시민의회 권고안의 법적 지위를 보장해야 한다. 시민의회가 수개월에 걸친 숙의 끝에 권고안을 내놓으면 개헌 특위의 심의 안건으로 자동 상정되도록 의무화해야 한다. 그리고 국회가 이를 받아들이지 않을 경우 그 이유를 공식 문서로 남기도록 해야 한다. 이유를 설명해야 할 의무가 없으면, 정치권은 침묵으로 시민의 숙의를 뭉갤 수 있다.

사실 시민이 국회에 직접 목소리를 낼 수 있는 제도가 우리에게는 이미 존재한다. 2019년 도입된 국민동의청원제도다. 30일 안에 5만 명의 동의를 얻으면 국회에 청원이 공식 접수된다. 그러나 접수된 뒤에 벌어지는 일이 문제다. 21대 국회(2020~2024년) 임기 동안 5만 명의 문턱을 넘어 접수된 청원은 모두 52건이었다. 하지만 이 가운데 47건, 곧 90%가 상임위원회에 계류된 채 제대로 논의조차 되지 않았다. 국회법은 청원이 회부된 날로부터 90일 안에 심사 결과를 보고하도록 규정하고 있지만, 상당수 청원이 '2024년 5월 29일까지 심사 연장'이라는 꼼수로 처리되었다. 21대 국회 임기 만료일 바로 전날이다. 사실상 4년간 심사하지 않고 묻어두었다가 자동 폐기시킨 것이다.

5만 명이 서명했는데도 국회가 응답 없이 침묵할 수 있는 것은 '공식 설명 의무'가 없기 때문이다. 청원을 받아들이든 거부하든, 그 이유를 시민 앞에 밝혀야 한다는 절차적 강제가 없으니 정치적으로 부담스러운 청원은 서랍 속에 넣어두고 임기가 끝나기를 기다리면 그만이다. 시민의 목소리를 접수하는 통로는 열려 있지만, 그 목소리에 응답할 의무는 없는 현실이다. 이것이 국민동의청원제도의 한계이며, 개헌절차법에 '공식 설명 의무'를 반드시 담아야 하는 실질적 근거다.

공고 기간을 실질화하는 것도 중요하다. 현행 헌법은 개헌안을 20일 이상 공고하도록 규정하지만, 복잡한 헌법 조문을 일반 시민이 20일 안에 모두 이해하고 투표하는 것은 불가능에 가깝다. 개헌절차법은 공고 기간을 최소 60일 이상으로 확대하고, 이 기간 동안 정부가 개헌안의 내용을 쉬운 언어로 바꿔 배포하도록 의무화해야 한다. 한국 사회 전반에 적용되는 새로운 규칙을 만드는 것인 만큼, 모든 시민이 그 취지를 이해한 뒤 국민투표로 의사를 표시할 수 있어야 한다.

지역별 공론화 절차를 거칠 필요도 있다. 개헌 논의는 결국 '여의도'를 중심으로 이뤄질 가능성이 높다. 그 과정에서 수도권이 아닌 지역의 목소리가 반영되기란 쉽지 않다. 따라서 개헌절차법은 전국 17개 시도에서 의무적으로 일정 횟수의 공론화 포럼을 개최하도록 규정해야 한다. 소멸 위기에 처한 농어촌 주민들, 대도시 집중의 피해를 겪는 지방 시민들의 목소리가 개헌안에 반영되어야 한다.

국민발안제: 시민이 개헌안을 쓸 수 있어야 한다

개헌절차법이 시민 참여의 통로를 열고 그 참여의 규칙을 법으로 보장하는 것이라면, 시민이 직접 그 통로를 이용해 헌법 조문을 만드는 국민발안제도 마찬가지로 중요하다.

국민발안제는 일정 수 이상의 시민이 서명하는 것으로 헌법 개정안이나 법률안을 직접 발의할 수 있는 제도다. 사실 우리 역사에서 아예 없었던 제도는 아니다. 1954년 헌법은 대통령, 의회(민의원 및 참의원) 의원 3분의 1 이상 또는 선거권자 50만 명 이상의 찬성으로 헌법 개정을 제안할 수 있도록 정해두었다. 하지만 실제로 유권자 50만 명이 헌법 개정안을 발의한 경우는 없는데, 헌법 조문에만 내용이 존재했을 뿐 구체적인 방식이나 절차 등이 법률이나 시행령으로 규정되지 못했기 때문이다. 결국 1972년, 유신헌법에서 해당 조문이 삭제되면서 국민이 직접 헌법 개정안을 발의할 수 있는 권리는 사라지고 말았다. 현행 헌법에서도 개헌 발의권은 대통령과 국회의원(재적 의원 과반수)에게만 있다. 시민이 헌법 조문을 만들 수 있는 합법적 통로가 존재하지 않는 것이다.

해외에는 시민이 직접 헌법을 만들 수 있는 나라가 적지 않다. 스위스는 10만 명의 서명을 받으면 개헌안 발의가 가능하고, 이탈리아는 50만 명이 서명하면 발의할 수 있다.[16] 이

외에도 미국의 18개 주, 헝가리, 우루과이, 에콰도르, 필리핀 등이 이런 규정을 두고 있다.

물론 직접민주주의가 활발한 스위스에서도 국민발안으로 제안된 개헌안이 국민투표에서 최종 통과되는 비율은 10% 내외로 매우 낮다.[17] 하지만 이 제도의 진정한 가치는 헌법을 개정하는 것 자체에 있지 않다. 거대 양당이 정략적 이유로 묵살하고 있는 다양한 의제들, 누군가에게 절박한 권리들을 평범한 시민이 국가 권력의 한복판으로 직접 소환할 수 있다는 데 있다. 서명운동이 정치권을 압박하는 강력한 공론화 수단이 될뿐더러 부결되더라도 중요한 정치적 의제로 남는 것이다. 국민발안제가 작동하는 나라에서는 정치인이 외면하는 의제의 목록이 그만큼 줄어들 수밖에 없다.

이제 우리도 국가의 규칙을 세우는 권한을 여의도가 독점하게 두어서는 안 된다. 헌법을 바꾸는 주체는 시민이어야 한다. 그 선언을 제도로 구현한 것이 바로 국민발안제다.

톱니바퀴가 맞물릴 때

지금까지 살펴본 도구들은 서로 톱니바퀴처럼 맞물려 돌아갈 때 강력한 힘을 발휘할 수 있다. 하나의 시나리오를 상상해 보자. 국회가 개헌절차법을 통과시켜 원포인트 개헌이 이뤄졌다고 치자. 이후 추가 개헌 논의가 시작되면 시민의회를 의무적으로 설치해야 한다. 수백 명의 시민이 참여하는 시민의회가 소집되어 수개월 동안 다양한 주제를 놓고 공부하고 토론한 끝에 개헌에 대한 구체적인 권고안을 만들어 냈다. 개헌절차법에 따라 이 권고안은 국회 개헌특위에 자동 회부된다. 만약 국회가 권고안을 받아들이지 않으려면 그 이유를 문서로 만들어 공식적으로 설명해야 한다. 그런데 만약 국회가 권고안을 거부하며 내놓은 이유가 시민들이 납득할 수 없는 것이라면? 여기서 국민발안제가 작동할 수 있다. 시민사회단체와 시민들이 시민의회의 개헌안을 직접 발의하기 위해 서명운동에 나선다. 100만 명이 서명하면 시민의회가 만들었던 권고안이 국회 발의안이 아니라 시민 발의안으로 국회 본회의에 그리고 국민투표에 회부된다. 정치권이 외면한 의제가 주권자의 이름으로 소환되는 것이다.

이 모든 과정에서 시민은 구경꾼이 아니다. 여러 차례 자격 없는 대통령을 쫓아낸 시민늘의 힘이 이런 방식으로 발휘된다면, 40년간 이루지 못했던 개헌은 결코 어려운 일이 아닐 것이다. 그동안 개헌을 하지 못했던 것은 단순히 절차가 까다로워서가 아니었다. 그 절차 안에 처음부터 '시민'이 빠져 있었기 때문이다.

원포인트 개헌 전면적 헌법 개정이 아닌 특정 의제 하나 또는 소수의 핵심 조항만 고치는 개헌을 말한다. '원포인트'라는 표현은 골프에서 한 가지 자세만 집중적으로 교정한다는 의미에서 유래했다. 전면 개헌은 모든 조항을 놓고 동시에 협상해야 하는 복잡성 때문에 진행이 교착에 빠지기 쉽다. 반면 원포인트 개헌은 여야가 합의 가능한 의제를 좁게 설정함으로써 신속하게 처리할 수 있다. 다만 개헌에 드는 비용과 에너지가 크기 때문에 '이 정도만 개정하는 게 맞는가'라는 비판이 존재한다. 단계적 개헌 전략의 핵심은 이 비판을 설득할 만큼 1차 개헌의 의제를 합의 가능한 것으로 시급하게 압축하는 데 있다.

헌법 부칙 헌법 본문 뒤에 덧붙이는 조항으로, 주로 헌법 개정의 시행 시기, 경과 규정, 기존 제도와의 충돌 해소 방안 등을 담는다. 단계적 개헌 전략에서 부칙은 중요한 전략적 도구가 될 수 있다. 예를 들어, 1차 개헌안에 "이 헌법 시행 후 2년 이내에 2차 개헌을 완료한다"라는 부칙을 달아놓으면, 정치권이 2차 개헌을 무기한 미룰 명분이 사라진다. 물론 부칙의 법적 구속력에 대한 논란이 있을 수 있다. 그러나 최소한 정치적 약속으로서의 무게를 갖게 되며, 이행하지 않을 경우 헌법소원심판의 근거가 될 수 있다.

숙의 민주주의 투표가 민주주의의 전부가 아니라, 시민들이 충분한 정보를 바탕으로 토론하고 숙고한 뒤 의사를 결정하는 것이 진정한 민주주의라는 생각이다. 일반적인 여론조사는 사람들에게 즉석에서 찬반을 묻는다. 하지만 숙의 민주주의는 참여자에게 먼저 해당 주제에 대한 정보를 충분히 제공하고, 다양한 입장을 가진 전문가 의견을 전달하고, 참여자들끼리 토론하는 과정을 갖게 한 뒤 의견을 묻는다. 이런 과정을 거쳐 형성된 의견을 '여론'과 구별해 '공론公論'이라고 부른다. 시민의회, 공론화위원회, 시민참여단 등이 숙의 민주주의를 실현하는 대표 장치다.

시민의회가 일반 여론조사나 공청회와 결정적으로 다른 점은 참여자 선정 방식에 있다. 공청회는 목소리를 내고 싶어 하는 사람이 주로 참여하지만, 시민의회는 주민등록 데이터베이스에서 무작위로 추첨해 선정된 이들이 참여한다. 마치

배심원을 구성하는 것처럼 성별·연령·지역·학력을 고려해
대한민국 전체의 축소판이 되도록 설계한다.

국민의힘이 반대하면 결국 개헌은 불가능한 것 아닌가요?

개헌을 위해서는 국회 재적 의원 3분의 2 이상의 찬성이 필요하다. 현재 개헌에 찬성하는 정당을 합하면 과반이 되지만 3분의 2에는 미치지 못한다. 만약 국민의힘이 끝까지 버틴다면 이번에도 개헌은 어렵다. 하지만 정치는 의석 숫자로만 흘러가지 않는다. 국민의힘은 윤석열 탄핵 투표를 보이콧했지만, 많은 시민의 분노가 모이자 결국 이탈표가 나왔다. 곧 개헌의 성사 여부는 개헌에 대한 여론을 시민들이 어떻게 표출하느냐에 달려 있다.

재적 의원 3분의 2가 되지 않더라도 할 수 있는 일이 있다. 개헌절차법은 일반 법률이므로 과반수로 통과시킬 수 있다. 시민의회를 비롯해 개헌 과정에 시민의 참여하는 절차를 법률로 의무화하는 것이다. 만약 개헌절차법이 제정되어 시민의회의 헌법 개정 권고안이 도출된다면, 개헌에 반대하는 정치적 비용은 계속 커질 수밖에 없다.

단계적 개헌은 법적으로 가능한가요?
헌법을 나눠서 고쳐도 되나요?

현행 헌법은 개헌의 범위를 제한하지 않는다. 한 조항만 고치든 열 조항을 고치든, 국회 재적 의원 3분의 2 이상의 찬성과 국민투표 과반 찬성이라는 요건은 동일하다. 다만 헌법은 하나의 유기적 체계이므로 1차 개헌의 범위를 정할 때 연관된 조항들을 함께 검토해야 한다. '원포인트 개헌'이란 한 조항만 고친다는 뜻이 아니라, 핵심 의제를 중심으로 연관 조항을 묶어 최소한으로 개정한다는 전략적 표현이다.

만약 개헌안이 국민투표에서 부결되면 어떻게 되나요?

헌법 제130조에 따르면, 개헌안은 국회 통과 후 30일 이

내에 국민투표에 부쳐야 하며, 투표자 과반수의 찬성으로 확정된다. 부결되면 해당 개헌안은 그대로 폐기된다. 별도의 유예 기간이나 재투표 규정은 존재하지 않는다. 다만 국민투표 부결이 개헌을 영구히 막는 것은 아니다. 국회가 다시 재적 의원 3분의 2 이상의 찬성으로 새로운 개헌안을 의결하면 다시 국민투표를 진행할 수 있다.

여기서 중요한 점은 부결의 원인을 정확히 읽어야 한다는 것이다. 개헌안이 통째로 부결될 경우 그 개헌안에 담긴 조항들도 함께 사라진다. 이것이 단계적 개헌 전략이 중요한 또다른 이유다. 논란이 많은 의제를 한 패키지에 묶으면 국민투표에서 통과될 가능성이 낮아질 뿐 아니라, 부결되었을 때 모든 의제가 무산되어 처음부터 다시 논의를 해야 한다. 합의 가능한 것부터 명확하게 수정하는 전략이 실질적 변화를 만들어 내는 현실적 경로일 수 있다.

시민의회 참여 통보를 받으면 반드시 해야 하나요?
일반 시민이 수개월의 시간을 낼 수 있을까요?

배심원 소환과 마찬가지로 시민의회 참여는 강제가 아니라 요청이 될 것이다. 추첨된 대상자가 참여를 거부하면 다음 후보에게 기회가 넘어간다. 다만 의도치 않게 특정 계층(시간 여유가 있는 사람, 직장인보다 자영업자)이 과대 대표되지 않도록 설계 단계에서 이를 보정하는 절차가 필요하다.

참여 부담을 줄이기 위한 지원도 필수다. 아일랜드는 참여자에게 교통비·숙박비를 지원하고, 직장을 쉬어야 할 경우 일정 수준의 보상을 제공한다. '시간이 있는 사람만 참여하는 시민의회'가 되지 않으려면 개헌절차법에 참여자 지원 기준을 명시해야 한다. 자칫 시민의회가 특정 직업이나 직군 중심으로 구성될 위험이 있기 때문이다.

국민발안제를 통해 개헌안을 발의하려면 몇 명의 서명을 받아야 하나요?

현행 헌법에는 국민발안제가 없기 때문에 새로운 헌법에서 이를 도입할 경우 서명 기준을 새로 정해야 한다. 전문가들이 주로 논의하는 기준은 유권자의 1~5% 범위로, 현재 유권자 수(약 4400만 명)를 기준으로 하면 44만 명에서 220만 명 사이가 된다. 그동안 논의되었던 안은 대체로 '유권자의 1% 또는 100만 명 이상'을 기준으로 삼는 경우가 많았다. 그뿐 아니라 특정 지역의 이해에 얽힌 개헌을 막기 위해 전국의 모든 선거구에서 일정 비율 이상의 서명을 확보해야 한다거나(필리핀), 전국 절반 이상의 주에서 일정 인원 이상의 서명을 확보해야 한다는(루마니아) 등의 지리적 분산 요건을 도입한 나라도 있다.

내용에 제한을 두기도 한다. 슬로바키아는 기본권을 침해하거나 국가 예산, 세금에 영향을 미칠 수 있는 사안에 대해서는 국민발안을 제한하고 있고, 스위스는 국제법상 강행 규정에 반하는 내용은 대상에서 제외하고 있다.[18]

참고로 스위스는 헌법안 발의에 10만 명, 일반 법안 발의에 5만 명의 서명이 필요한데, 이는 각각 스위스 유권자 수(약 570만 명)의 약 1.75%, 0.087%에 해당한다. 이탈리아는 헌법안 발의에 50만 명(유권자의 0.98%), 일반 법안 발의에는 5만 명(유권자의 0.098%)이 필요하다. 기준이 낮을수록 시민 참여가 활발해지지만, 지나치게 낮으면 너무 많은 법안이 난립할 수 있다. 중요한 것은 서명 기준만이 아니라 서명 기간과 방식, 온라인 서명 인정 여부, 서명 검증 방식도 함께 설계되어야 한다는 점이다.

개헌안이 확정되면 언제부터 효력이 발생하나요? 기존 법률들은 자동으로 바뀌나요?

헌법 제130조 제3항에 따라 국민투표에서 과반수 찬성을 얻어 확정된 개헌안은 공포 즉시 효력이 발생한다. 별도의 유예 기간이 없는 것이 원칙이다.

현직 대통령에 대한 적용 여부는 개헌 내용에 따라 다르다. 헌법 제128조 제2항은 임기 연장 또는 중임 변경을 위한 개헌은 그 개헌안이 발의될 당시 재임 중인 대통령에게는 효력이 없다고 명시한다. 당장 4년 중임제로 개헌하더라도 현직 대통령은 5년 단임제의 적용을 받는다는 뜻이다. 반면 계엄 요건 강화, 거부권 제한, 감사원 독립 같은 대통령의 권한을 제약하는 조항들은 공포 즉시 현직 대통령에게도 적용된다.

한편, 헌법이 개정되면 기존 법률들은 별도의 개정 절차를 거쳐야 바뀐다. 다만 새 헌법과 완전히 충돌하는 조항은 헌법재판소에서 위헌 결정을 받아 법원에서 그 적용이 배제될 수 있다. 현실적으로는 개헌 이후 관련 법률을 정비하는 대규모 후속 입법이 불가피하다. 예를 들어 헌법에 기후권이 명시된다면 이를 구체화하는 환경·에너지 관련 법률들이 뒤따라 개정되어야 실효성이 생긴다.

개헌안에 부칙을 달면 시행 시기를 조정할 수도 있다. 새로운 선거제도처럼 당장 적용하기 어려운 조항은 "다음 국회의원 선거부터 적용한다" 같은 경과 규정을 두는 방식이다. 헌법은 방향을 정하는 나침반이고, 법률은 그 방향으로 가는 도로다. 좋은 헌법을 만든 뒤에도 시민이 후속 입법을 지속적으로 감시하고 촉구해야 하는 이유가 여기에 있다.

헌법은 서로에게 하는 약속이다

2024년 12월 3일 밤, 시민 수천 명은 맨몸으로 국회를 지켰고, 국회의원 190명은 만장일치로 계엄 해제를 결의했다. 그런데도 3시간 30분 동안 대통령은 아무런 응답을 하지 않았다. 그 시간이 아찔했던 이유는 무엇인가. 우리는 왜 그토록 치열하게 저항했으면서도 법과 제도 앞에서 한없이 무력할 수밖에 없었는가.

그 답은 한 개인의 광기만은 아니었다. 국가 시스템에서도 답을 찾을 수 있었다. 1987년, 우리는 독재자의 '장기 집권'을 막는 데만 몰두한 나머지 대통령이 갖게 되는 '권한'까지 신경 쓰지 못했다. 그렇게 38년을 버틴 헌법이 결국 12·3 내란이라는 부메랑이 되어 돌아왔다. 최루탄을 마시며 독재에 맞섰던 1987년의 시민들은 거리에서는 이겼지만, 헌법을 설계하는 테이블에는 끝내 앉지 못했다. 그 빈자리의 값을 38년 뒤 치른 것이다. 이제 같은 실패를 반복해서는 안 된다.

이 책은 단지 무엇이 잘못되었는지 고발하는 책이 아니다. 무엇을 어떻게 바꿀 것인지를 새롭게 그려보고자 했다. 대통령의 권한을 분산시킬 장치들, 시민들이 계속해서 요구하는 생명권과 안전권, 변화한 시대에 맞는 새로운 권리들, 지역 주민에게 권력을 되돌려 주기 위한 장치들…. 추상적 이상이 아니라 많은 시민이 동의할 수 있는 방향을 이야기하고 싶었다. 아울러 이를 현실로 만들 방법들을 언급하고자 했다. 단계적 개헌 전략, 시민 참여를 보장하는 개헌절차법, 시민이 개헌의 의제를 직접 만들어 제안하는 시민의회, 주권자가 개헌의 문을 두드릴 수 있는 국민발안제 등 여러 톱니바퀴가 함께 맞물릴 때에야 헌법 개정의 주도권은 정치인들이 아닌 시민들에게 돌아갈 수 있다.

윤석열을 파면한 헌법재판소 결정문은 광장에서 외친 수백만 명의 목소리를 "시민들의 저항"이라는 여섯 글자로 요약했다. 이 책은 그 여섯 글자, 곧 '시민들의 저항'이 이제는 새로운 헌법의 근거가 되고, 또 '저항한 시민들'이 헌법을 쓰는 주체가 되어야 한다고 말한다. 12월 3일 밤 국회에서 그리고 123일 동안 전국 곳곳에서 외쳤던 사람들의 목소리가 헌법 조문이 되어야 한다고 이야기한다.

헌법은 서로에게 하는 가장 중요한 약속이다. 국가 권력이 개인의 존엄을 침해하지 않아야 한다, 다수가 소수를 짓밟아서는 안 된다, 오늘의 권력자가 내일의 독재자가 되어서는 안 된다, 모두가 평등하게 미래를 꿈꾸고, 그 꿈이 보호받아야 한다는 약속이다. 이 중요한 약속을 이제는 주권자인 시민이 직접 써 내려가야 한다.

이제, 우리가 헌법을 바꿀 시간이다.

주

1. 중앙선거관리위원회, 〈정당의 활동개황 및 회계보고〉, 2024.

2. 헌법재판소 2024. 8. 29 선고, 2020헌마389.

3. 헌법재판소 2026. 1. 29. 선고, 2020헌마956 등.

4. 한국고용정보원, 〈지방소멸 2024: 광역대도시로 확산하는 소멸위험〉, 2024.

5. 헌법재판소 2004. 10. 21. 선고, 2004헌마554 신행정수도의건설을위한특별조치법 위헌확인 사건.

6. 통계청·한국은행·금융감독원, 〈2025년 가계금융복지조사 결과〉, 2025.

7. 국가데이터처, 〈2024년 임금근로 일자리 소득(보수) 결과〉, 2026.

8. 헌법재판소 1989. 12. 22. 선고, 88헌가13 토지거래허가제 사건.

9. 헌법재판소 2014. 7. 24. 2009헌마256, 2010헌마394 병합.

10. 국회입법조사처, 〈차근차근 서두르라는 개헌 여론: 헌법개정 관련 대국민 설문조사 분석〉, 2026. 3. 11.

11. 아일랜드 시민의회 홈페이지 https://citizensassembly.ie/reports.

12. 브리티시컬럼비아 시민의회, 〈Making Every Vote Count: The Case for

Electoral Reform in British Columbia⟩, 2004.

13. 프랑스 기후시민의회, ⟨Les 149 propositions de la Convention Citoyenne pour le Climat⟩, 2020.

14. 신고리 5·6호기 공론화위원회, ⟨신고리 5·6호기 공론화 시민참여형조사 보고서⟩, 2017. 10. 20.

15. 국회사무처, ⟨국회 및 정부의 연금개혁방안 연구⟩, 2025. 3. 27.

16. 스위스 연방 헌법 제138조, 이탈리아 헌법 제138조.

17. 스위스 연방내각처 홈페이지 국민발안 항목 https://www.bk.admin.ch/bk/de/home/politische-rechte/volksinitiativen.html.

18. 국회입법조사처, ⟨헌법개정 국민발안제 도입의 쟁점⟩, 2020. 3. 20.

이제 헌법을 바꿀 시간입니다

1판 1쇄 펴냄 2026년 05월 05일

지은이 김예찬
펴낸이 천경호
종이 페이퍼링크
제작 (주)아트인
펴낸곳 루아크
출판등록 2015년 11월 10일 제2021-000135호
주소 10881 경기도 파주시 회동길 480, 아트팩토리 NJF B동 233호
전화 031.998.6872
팩스 031.5171.3557
이메일 ruachbook@daum.net

ISBN 979-11-94391-36-4 03300